서문문고
17

# 나의 세계관

### 아인슈타인 지음
### 신 일 철 옮김

# 차 례

# 원저의 서문

□ 오직 개인만이 책임감을 가지고 있다.

— 니체 —

이 책은 알버트 아인슈타인의 논설문·강연·성명서·서간문 등을 완전히 모아 수록한 정본이 아니고 어떤 목적 하에, 즉 하나의 인간상(人間像)을 보여 주려는 의도하에 발췌한 선집(選集)이다. 오늘날 이분(＝아인슈타인)은 자기의 본래 의지와는 달리 정치적 정열과 현대의 역사의 와중(渦中)에 이끌려 들어가고 있으며 결국 아인슈타인은 많은 역사상의 위인들이 경험한 바와 같은 운명을 경험하고 있는 것이다. 그것은 그의 품격이나 견해가 크게 혼돈된 세계 가운데서 이루어졌기 때문이다.

이러한 운명을 타개하는 것이 이 책의 진정한 목적이며, 이 책은 아인슈타인의 친구들과 일반 대중이 출판되기를 염원하는 바였다. 여기에는 여러 가지 집필 날짜가 다른 글이 수록되었다. 즉, 1922년 '과학 국제회의(The International of Science)'에서 행한 연설문이라든가, 1923년에 발표한 '과학적 연구의 제 원리

(The Principles of Scientific Research)'라는 연설문, 1930년의 '아랍인들에게 보내는 편지(Letter to an Arab)'와 그리고 여러 방면에 관한 글들이 수록되었다.

이 모든 언설(言說)의 배후에는 하나의 일관된 사상이 흐르고 있음을 알 수 있다. 즉 알버트 아인슈타인은 인간성을 믿고 있으며, 상호부조하는 평화로운 세계와 과학의 높은 사명을 확신하고 있었다는 것이다.

이 책의 출판은 우리들의 정치적 태도와 관념을 바꾸기를 강요하는 시대에 있어서, 아인슈타인의 이러한 신념들을 내세우기 위해서 기도(企圖)된 것이다.

엮 은 이

# I 나의 세계관

# 나의 세계관

우리들 인간 존재의 상황은 참으로 기이한 것이다. 우리 인간들은 잠시 동안 이 세상에 머물러 있다. 어떤 목적을 위해서 머물러 있는지 모른다. 그러나 그 인간들은 어떤 목적이 있으리라고 느낄 때도 있다. 그렇지만 오늘날의 생활의 견지에서 보면 깊이 생각해 보지 않더라도 우리가 우리의 이웃 사람[＝동포]을 위해서 살고 있다는 것을 알 수 있다. 우선 우리 자신의 행복이 우리 이웃들의 미소와 행복에 의거해 있고 다음에는 우리가 모르는 사람들의 운명과 인격적으로 동정의 유대 가운데서 결합되어 있기 때문이다. 바로 이런 이웃 사람들을 위해서 우리는 살고 있는 것이다. 나의 내적 생활과 외적 생활이 타인을, 즉 지금 살아 있는 사람과 이미 죽은 사람들의 노동으로 인하여 영위되고 있다는 사실과, 또한 내가 과거에 받은 것과 지금도 받고 있는 것과 동일한 양의 것을 이웃 사람들에게 주기 위해서, 나는 전력을 다해야 한다는 사실을 매일 몇십 번이고 생각하는 것이다. 그러므로 나는 소박한 생활에 만족했고 때로는, 내 자신의 미약한 노동에 비해 내 동포의 노동량이 얼마나 많은가, 하는 회의에 사로잡히기도 한다. 계급 차별도 나는 이것이 정의(正義)에 어긋나는 것이고 폭력에 근거한 것이라고 생각한다.

따라서 나는 간결한 생활이 물질적인 면에서나 정신적인 면에서나 모든 사람에게 좋은 생활양식이라고 생각하고 있다.

나는 철학적인 의미에 있어서의 인간의 자유를 확실히 믿는 사람은 아니다. 모든 사람들은 외적 강제하에서 내적 필연성과 일치되게 행동한다. '인간은 그가 의지하는 대로 행할 수는 있으나 의지하는 대로 되는 것은 아니다.'라고 하는 쇼펜하우어의 말은 청년 시절부터 나를 분발시켰고, 나 자신이나 타인이 인생의 고난에 직면했을 때 끊임없는 위안과 불요불굴의 인내심을 북돋아 주었다. 이러한 감정은 마비되기 쉬운 책임감을 어루만져 주고 우리들로 하여금 우리를 자신과 타인에 대해서 심히 심려하지 않아도 되게 해 준다. 이는 무엇보다도 유머가 적당한 자리를 잡은 인생관에 도움을 주기 때문이다.

인간 자신의 존재 혹은 창조의 의미나 목적을 묻는다는 것은 객관적 견지에서 볼 때 대개 어리석은 일같이 보인다. 그러나 모든 사람은 그들의 노력과 판단의 방향을 결정해 주는 일정한 이념을 가지고 있다. 이러한 의미에 있어서 나는 안락이나 행복이 본질적으로 인생의 목적이라고는 보지 않았다. 그러나 윤리적 기초를 나는 돼지 떼의 윤리라고 부르고 싶다. 나의 앞길에 광명을 주고 힘차게 생활해 나가기 위한 새로운 용기를 때때로 일으켜 주는 이념들은 바로 진(眞)·선(善)·미(美)였다. 동지들의 협동정신이나 예술과 과학적 탐구의 분야에 있어서 객관적인 것, 즉 영원히 도달될 수 있는 것에 열중함이 없다면 나에게 있어서의 인생은 공허, 그것일 것이다. 인간생활의 광범한 목적들인 재부(財富), 외면상의 성공·사치는 나에게는 모두 무가치한 것으로 보였다.

　나의 열렬한 사회적 정의감과 사회적 책임감은 타인과 사회에 직접적인 교섭의 필요를 느끼지 않는 나의 자유와 좋은 대조를 이루고 있다. 나는 내 멋대로 행동하는 인간이며 진실로 나의 나라·나의 집·나의 친구·나의 직계가족에도 소속하지 않았다. 이 모든 유대에도 불구하고 나는 강렬한 거리감과 고독감을 잃지 않았다. 이러한 감정은 늙어 가면서 더욱 강해졌다. 타인과의 사이에 상호 이해와 공감(共感)의 가능성에 한계가 있음을 확연히 의식하는 사람도 있다. 그러한 사람은 온화와 쾌활의 면이 결여된 사람임에 틀림없다. 이런 점이 있는 반면에 그러한 사람은 타인의 의견이나 습관

·판단에 좌우되지 않고 그러한 불확실한 기반 위에 자기의 입장을 세우려는 유혹을 물리쳐 버린다.

나의 정치적 이념은 민주주의의 이념이다. 모든 사람이 한 개성으로 존경받아야 하며 어떤 사람도 우상화되어서는 안 된다. 그러므로 내 자신이, 공과 없이 나의 동료들로부터 지나친 칭찬과 존경을 받는 것은 순전히 운명의 아이러니라고 생각할 수밖에 없다. 이렇게 된 이유는 미약한 힘을 가지고 부단한 투쟁을 통해서 얻어진 내 한두 개의 사상을 이해하려는 대부분의 사람의 의혹 때문이라고 생각할 수 있다.

어떤 곤란한 일에 성공하려면 우선 생각하고, 그리고 방향을 정하고 자기가 하는 일에 책임감을 느낄 수 있는 인간이 필요함을 나는 잘 알고 있다. 그러나 대중이 강요당해서는 안 되고, 그들이 자기들의 지도자를 선택할 수 있게 해야 한다. 독재정치 체제는 곧 몰락하리라고 생각한다. 왜냐하면 폭력은 도덕적으로 저급한 사람만을 유혹할 수 있기 때문이다. 그러므로 천재적인 전제 군주(專制君主)는 악당(惡黨)들에 의해서 계승된다는 것이 불변의 철칙이라고 생각된다. 이러한 이유로써 나는 오늘날의 이탈리아나 소련에서 보는 바와 같은 제도를 맹렬히 반대한다. 오늘날 유럽에 유행하는 민주주의의 형태에 대한 불신이 야기될 이유는 그 민주주의

이념 때문이 아니라, 오히려 정부 고위층의 관직의 안
정성 결여와 선거제도의 비개성적 성격 때문일 것이다.
이런 점에 있어서 나는 아메리카가 옳은 길을 걷고 있
다고 믿는다. 미국인들은 적당한 기간 재임할 수 있게
선출되고 실질적으로 책임질 수 있는 충분한 권력을 가
진 책임 있는 대통령을 가지고 있다. 또한 다른 면에
있어서 질병과 빈궁에 허덕이는 개인을 위한 광범한 혜
택을 베푸는 이 정치제도를 나는 높이 평가한다. 나는
인간 생활에 있어서 참으로 가치 있는 것은 '국가'가 아
니라, 창조적이고 지각 있는 '개인'이라고 생각한다. 그
러한 개인만이 고상한 것과 숭고한 것을 창조한다. 이
와 반면에 국가와 같은 집단은 사상에 있어서나 감정에
있어서는 둔감한 것이다.

이 문제는 나로 하여금 집단성의 가장 나쁜 표본인,
내가 싫어하는 군대제도에 대해서 말하게 한다. 군인들
이 밴드에 발 맞추어 열지어 행진하는 것을 사람들이
즐길 수 있다는 사실은 나로 하여금 경멸감을 일으키게
하는 데 족하다. 그들에게 큼직한 머리를 준 것은 조물
주의 잘못이다. 그들에게는 척추골이면 그만인 것이다.
문명의 이러한 오점(汚點)은 가능한 한 빨리 제거되어
야 한다. 명령에 의한 영웅주의, 무지한 폭행, 애국심
이란 이름으로 자행되는 해로운 넌센스, 나는 이 모든

것을 증오한다. 나는 전쟁이란 쓸데없고 해로운 것이라
고 생각한다. 이러한 더러운 일에 참가하느니보다는,
차라리 내 몸을 산산조각으로 부숴 버리는 편이 나을
것이다. 그럼에도 불구하고, 학교나 신문을 통해서 상
당한 민족관념이 상업적 정치적 이해관계에 의해서 악
화되지 않았더라면, 전쟁이란 마귀는 이미 오래 전에
사라졌으리라는 나의 인류애에 대한 견해는 모든 사람
에게 아직도 너무나 우월한 것으로서 납득되지 못하고
있다.

우리가 경험할 수 있는 가장 아름다운 것은 신비스러
운 것이다. 그것은 진정한 예술과 과학의 요람(搖籃)에
있는 기본적 정서이다. 이것을 모르고 경이와 감동을 느
끼지 못한 사람은 불 꺼진 촛불과 같이 죽은 사람이다.
이러한 정서가 종교를 낳은 신비적 경험이었다. 설사 그
것에 공허감이 섞여 있다고 하더라도 우리가 간파할 수
있는 어떤 존재에 대한 지식, 가장 심오한 이성과 가장
근원적인 형태의 이성으로써만 도달할 수 있는 빛나는
미를 표현하는 지식, 이것이 참다운 종교적 태도를 이루
고 있는 지식이요, 정서이다. 이러한 의미에 있어서 나
는 가장 심오한 종교적 인간이다. 나는 스스로 창조한
인간들을 상벌하는 신, 혹은 우리 인간이 가지고 있는
바와 같은 형태의 의지를 가지고 있는 신을 생각할 수

없다. 나는 육체가 죽은 후에도 영생하는 인간을 생각할 수 없으며 그렇게 영생하기를 바라지도 않는다. 이러한 영생관은 연약한 인간의 공포심이나 어리석은 이기심 때문에 생긴 것이다. 생명의 영원성의 신비와 그리고 결코 미약하지 않은 자연 가운데 나타나는 원인의 일부를 파악하려는 큰 노력으로써 실재의 신비로운 구조를 감지하는 일, 이것으로서 나는 족한 것이다.

## 인생의 의미

  인생의 의미는 무엇인가? 또한 유기적 생명의 의미
는 무엇인가? 이 문제에 대해서는 종교가 대답한다.
그러면 그런 것을 문제 삼는 것은 어떤 의미를 가지고
있는가, 하고 그대들은 묻는다. 여기에 나는 대답한다.
자기의 인생과 자기 동포의 인생을 무의미하다고 생각
하는 사람은 불행한 사람일 뿐만 아니라 생활을 영위할
자격이 거의 없는 사람이라고……

# 학문의 자유

= 굼벨 사건의 교훈 =

대학의 강좌는 많이 설정되고 있으나 현명하고 고결한 교수는 드물다. 강의실은 많고 크나 진정으로 진리와 정의를 갈구하는 청년들은 얼마 되지 않는다. 자연은 조제품(粗製品)을 많이 늘어놓지만 정제품(精製品)을 만들어 내는 일은 얼마나 될까?

우리는 그런 줄 알면서 무엇 때문에 불평을 말하고 있는가? 과거에도 그렇지 못했고 또한 미래에도 그렇지 못할 것인가? 그렇다! 우리는 자연이 주는 대로 용납해야 한다. 그렇지만 이 밖에도 시대정신 즉, 한 시대를 특징 짓는 정신적 태도 같은 것이 있다. 그러한 시대정신은 개인으로부터 개인에게 옮겨가면서 한 사회에 자기의 특수한 영향을 준다. 우리들 각자는 이 시대정신을 전환시키는 방향으로 작은 힘이나마 각자는 힘을 다해야 할 것이라고 생각한다.

과거 백 년 전에 우리 대학생들이 가졌던 정신과 오늘날의 대학생들이 지닌 정신과를 비교해 보라. 대학생

들은 인간 사회의 개조를 신봉하고 있었고 우리의 고전
들이 그것을 위해서 살아 왔고 싸워 온 관용의 정신과
모든 정당한 주장에 대한 존경심을 잃지 않고 있었다.
당시의 사람들은 독일이라고 불리는 보다 큰 정치적 통
일체를 이루기 위하여 싸워 왔다. 이러한 이념을 생생
하게 지니고 있었던 것은 대학에 있는 학생과 교수들이
었다.

오늘날에 있어서도 역시 그네들에게는 사회발전에
대한 주장, 사상의 자유와 관용성에 대한 주장, 현재
우리가 〈유럽〉이라고 부르는 보다 큰 정치적 통일체에
대한 주장이 있기는 하다. 그러나 오늘날의 대학생들은
그들의 교수들과 마찬가지로, 전혀 그 민족의 희망과
이상의 탐지자가 아닌 것이다. 우리의 시대를 냉철하게
관찰하는 사람은 누구나 이 사실을 시인하지 않을 수
없다.

오늘 우리들은 우리 자신을 반성·검토하기 위해서
이 자리에 모였다. 이 회합의 외적 이유는 〈굼벨 사건〉
을 의논하자는 것이다. 이 정의의 사도 굼벨 씨는 헌신
적인 노력과 굳센 용기와 공명정대한 판단력으로 속죄
받을 수 없는 정치적 범죄에 대해서 논파하여 그의 저
작을 통해서 사회에 불멸의 공헌을 남겼다. 바로 그 사
람을, 지금 그가 속하고 있는 대학의 학생들과 교직원

들이 추방하려고 애쓰고 있는 것이다.

정치적 정열은 이렇게 지나치게 발산되어서는 안 된다. 굼벨 씨의 저서를 공정한 입장에서 읽은 사람들은 누구나 내가 받은 바와 같은 인상을 받았으리라고 나는 확신한다. 우리가 건전한 정치사회를 건설하려면 굼벨 씨와 같은 사람이 필요한 것이다. 여기서 우리는 결코 남의 말에 의하지 말고 각자 자기의 기준에 따라 그 자신이 스스로 읽은 바에 의해서 판단하여야 한다. 이렇게 되면 굼벨 사건은 오해받아 오던 당초와는 달리 잘 해결될 수 있을 것이다.

# 선과 악

인류와 인간생활에 최대의 공헌을 한 사람이 최대의 사랑을 받는 것은 정한 이치이다. 그러나 다시 그러한 사람이 대체 누구냐고 캐어 묻는다면 우리는 퍽 당황할 것이다. 정치적 지도자와 종교적 지도자들의 경우에 있어서도 그들이 인류에게 얼마만큼 이로운 일을 했으며 얼마만큼 해로운 일을 했는가를 단정하기 어려울 때가 많다. 이런 점에서 민중들에게 보다 향상된 일거리를 주고, 또한 직접 그들을 향상시킴으로써 통해서 그네들을 위해 최선을 다하는 부류의 사람이 있다고 나는 진실로 믿고 있다. 이런 말은 대개 위대한 예술가에게나 해당되는 것이나, 또한 과학자에게도 어느 정도는 해당되는 것이다. 인간을 향상 발전시키고, 인간성을 풍부케 한 것은 과학적 탐구의 성과가 아니라 이해력, 즉 창조적이며 감수성 깊은 지적 활동이라는 것은 확실한 사실이다. 말하자면 ≪탈무드≫(유태교의 법전 및 논설집)의 가치를 그것의 지적 성과에 의해서 판단하는 일은 확실히 불합리한 일일 것이다.

인간 존재의 진정한 가치는 원래 그 인간이 자아(自

我)로부터의 해방을 달성한 바 그 규준과 의식에 의해
서 결정된다.

## 사회와 인격

우리들 자신의 생활과 노력을 살펴볼 때 우리의 행동과 욕망이 모두 다른 인간 존재와 결부되어 있음을 쉽게 알 수 있다. 우리 인간생활의 본질이 사회적 동물의 본질과 비슷하다는 것을 우리는 알고 있다. 우리는 남이 만든 음식을 먹고 남이 만든 의복을 입고 남이 만든 집에서 산다. 우리의 지식이나 신념의 대부분은 다른 사람이 창조한 언어라는 매개체를 통해서 우리에게 전달된 것이었다. 언어가 없었다면 우리 인간의 정신적 능력이란 고등동물에 비해 참으로 보잘것 없었을 것이다. 그러므로 우리는 인간 사회 속에서 생활하고 있다는 사실로 말미암아 다른 동물보다 우월하다는 것을 인정해야 한다. 날 때부터 홀로 있는 그러한 사람은 우리가 상상할 수 없을 정도로 사고력과 감정에 있어서 원시적이고 야만적인 인간으로 되어 버릴 것이다. 한 개인은 그의 개성 때문이 아니라, 오히려 나서부터 죽을 때까지 그의 물질적·정신적 존재를 지배하는 큰 사회적 일원이라는 점에서, 비로소 그 개인은 개인이라고 할 수 있고 또한 의의를 가지고 있다고 하겠다.

사회에 대한 한 개인의 가치는 원래 그의 감정·사고 작용·행동이 얼마나 타인의 선(善)을 증진케 하는가 에 달려 있는 것이다. 이 점에 비추어 보아 우리는 한 개인을 〈좋은 사람이다〉, 〈나쁜 사람이다〉라고 하는 것 이다. 우리의 인간 평가의 규준은 얼핏 보면 그 사회성 에 있다고 주장하는 것같이 느껴질 것이다.

그렇지만 그러한 견해는 옳지 못하다. 우리가 사회로 부터 받는 모든 가치 있는 것, 즉 물질적·정신적·도 덕적인 것들은 모두 몇 사람의 창조적인 개인들로부터 유래한 것이라는 것은 전 세대(前世代)로 소급해 보면 명백해진다. 불의 사용, 식용식물의 재배, 증기기관 등, 이 모든 것들이 개인에 의하여 발견된 것들이다.

다만 개인만이 사고할 수 있고, 그렇게 함으로써 사 회를 위해 새로운 가치를 창조할 수 있고, 뿐만 아니라 사회생활을 규제할 새로운 도덕적 규범을 세울 수도 있 는 것이다. 창조적이며 독자적으로 사고하고 판단하는 개성적 인격 없이는 사회의 발전이란 생각할 수 없으며 마찬가지로 사회라는 양육의 지반 없이 개성적인 인격 의 발전이란 이루어질 수 없는 것이다.

그러므로 사회의 건전성은 그 사회를 구성하는 개인 들의 독자성과 동시에 그들의 긴밀한 정치적 단결에 의 거하고 있는 것이다. 전체로서의 그리스·유럽·미국

문명, 부분적으로는 중세 유럽의 침체성에 종말을 고한
이탈리아 문예부흥의 개화가 개아(個我)의 해방과 상
대적 고립에 의거해서 이루어졌다.

　이제 우리가 사는 현재를 고찰해 보자. 사회는 어떠
하며 개인은 어떠한가? 문명국들의 인구밀도는 예전보
다 조밀하다. 오늘날의 유럽 인구는 백 년 전의 인구에
비해 약 3배가 늘었다. 그러나 위대한 인물의 수는 전
인구에 비해 감소되었고, 다만 두세 명만이 그의 창조
적 업적을 통해서 대중에게 알려졌다. 특히 기술 분야
에 있어서 조직이 어느 정도 위대한 인물의 역할을 대
행하고 있으며 과학에 있어서도 그러한 징조가 많이 보
인다. 특히 예술 분야에 있어서는 탁월한 인물의 빈곤
을 보이고 있다. 그림과 음악은 확실히 퇴보하고 있으
며 대중의 인기를 잃고 있다. 정치면에 있어서도 지도
자가 부족할 뿐만 아니라 시민의 자립정신과 정의감도
상당히 타락했다. 이러한 자립정신을 기반으로 한 민주
주의 의회제도가 여러 방면에서 동요하고 있으며 개인
의 권리에 대한 관념이 약화되었기 때문에 독재의 대두
가 허용되고 있다. 단 3주일간이면 신문의 힘을 빌어
양과 같은 대중을 선동하여 그들로 하여금, 일부 사람
의 무가치한 목적을 위하여 군복을 입고 나가서 죽고
살고 하는 흥분상태에로 충분히 몰아넣을 수 있는 것이

다. 강제적인 의무인 병역제도야말로 오늘날의 문명인
들이 유린당하고 있는 인격 존엄성의 무시에 대한 가장
불쾌한 징조라고 나는 생각한다. 이로써 우리의 문명이
멀지않아 몰락하리라고 예언하는 사람이 적지 않은 것
은 당연한 일이다. 이런 얘기를 하는 나는 비관론자는
아니다. 나는 보다 나은 시대가 도래하고 있다고 믿는
다. 잠깐 그 확증을 들어보자.

   내 생각에는 현대 문명의 몰락의 징조는, 산업과 기
계의 발달이 인간의 생존경쟁을 더욱 치열하게 만들었
고 개인의 자유로운 발전에 커다란 해독을 끼쳤다는 사
실로써 설명되고 있다. 그러나 기계의 발달은 사회의
수요를 충족시키기 위한 개인의 노동력의 점차적 감소
를 의미하는 것이다. 계획적인 노동 분화는 더욱 더 긴
요하게 요청되고 있다. 그리고 이 노동 분화는 개인의
물질적 생활 보장·안정을 가져올 것이다. 개인이 그의
요구에 따라 가지게 될 이러한 생활 안정·휴양·에너
지는 그 개인의 발전에 의해서 더욱더 촉진될 수 있다.
이렇게 해서 사회는 그의 건전성을 다시 만회하여 앞날
에는 역사가들이 오늘날 사회의 병적 징조를, 마치 커
서 유망한 어른으로 성장할 아이의 잔병과 같이 생각하
여, 문명이 진보하는 빠른 속도 때문에 생겼던 것이라
고 설명하게 되기를 우리는 바라는 것이다.

# H·A·로렌츠 씨의 묘 앞에서의 연설

나는 전 독일어 사용 세계와 특히 프러시아 과학 한
림원(科學翰林院)을 대표하여, 아니 그보다도 한 제자
로서, 그분을 존경하는 한 사람으로서, 여기 누워 계신
우리 시대의 가장 위대하고 숭고한 분의 묘소 앞에 섰
다. 그분의 천재성은 클라크 맥스웰의 학설로부터 현대
물리학의 확립에로 이르는 길을 밝힌 등불이었다. 이분
은 현대 물리학을 확립하는 데 사용되는 재료와 방법을
제공하셨다. 그의 한평생은 마치 예술작품처럼 정교하
게 다듬어져 있었다.

그의 변함 없는 친절과 도량, 그리고 그의 정의감은
그가 지닌 인간과 사물에 대한 직관적 이해력과 더불어
결합되어 그분을 관계 모든 분야에서 지도자로 만들었
다. 모든 사람들은 그분을 기꺼이 따랐다. 왜냐하면 그
분은 언제나 아랫사람들을 지배하려 하지 않고 스스로
봉사하려 했기 대문이다. 그의 업적과 모범은 미래의
세대에게 주는 교시(敎示)와 지침으로서 길이 살아 있
을 것이다.

## 국제적 협동을 위한 로렌츠의 활동

　19세기가 가져온 과학 연구의 광범한 전문화로 말미암아 국제기구와 국제정치 분야에 있어서 사회에 유익한 봉사를 하며 동시에 한 개의 과학 분야에 있어서 지도적 지위를 점하고 있는 사람이 드물어졌다. 그러한 봉사를 하려면 정력과 통찰력과 확고한 업적을 쌓아 이루어진 명망이 있어야 할 뿐만 아니라 국가적 편견으로부터의 자유와 만인의 공동 목표에 대한 봉사정신(奉仕精神)에 있어야 하는 것이다. 그런데 오늘날에는 그런 것이 있기 힘들다. 내가 아는 한 H·A·로렌츠만큼 이런 모든 요소를 완전히 구비한 사람은 보지 못했다. 그의 인격 가운데는 다음과 같은 놀라운 면이 숨어 있었다. 즉, 대부분의 학자들이 그렇듯이, 자립적이며 견실한 사람들은 남의 의사에 공손히 복종하려 하지 않고 남의 지도를 받는 것을 불쾌하게 생각한다. 그러나 로렌츠 씨가 의장석에 앉으면 회원들의 의도나 생각이 그와 다르다고 할지라도 화기애애한 협동적인 분위기가 조성되는 것이다. 이렇게 대인관계에서 성과를 거두는 비결은 그의 인간과 사물에 대한 재빠른 파악력과 언어의 능란한 구사에 있을 뿐 아니라 더욱더 다음과 같은 사실 가운데 있는 것이다. 그의 온 정성을 사업에 바친다는 것, 그리고 그가 일손을 쥐었을 때 그의 마음속에는 그 일 이외의 다른 것을 생각할 여지가 없다는 것을 우리는 잘 알고 있다. 반항해 오는 사람들을 무장해제시키는 데는 이보다 더 좋은 방법이 없다.

전전(戰前)에 있어서 국제적 관계 개선을 위한 로렌츠의 활동은 물리학자 회의의 의장을 맡아보는 데 그쳤었다. 이러한 활동 가운데서도 특기할 만한 것은 〈솔베이 회의〉인 바, 동회의의 제1차·제2차 대회가 브뤼셀 시(市)에서 1909년과 1922년에 있었다. 그 후에는 유럽 전쟁이 시작되었다. 이 전쟁은 인간관계의 개선을 희구하는 모든 사람들에게 큰 충격을 주었다. 전쟁중에는 물론 전쟁 후에도 로렌츠는 국제적 화목의 도모를 위해 헌신했다. 특히 그는 학자와 과학 단체를 유익하고 우호적인 협동의 방향으로 이끄는 데 노력을 기울였다. 이런 일이 얼마나 힘든 일인가 하는 것을 외부 사람들은 알지 못할 것이다. 전쟁중에 쌓인 원한은 지금까지 사라지지 않았으며 많은 유능한 사람들은 환경의 압력으로 말미암아 비협조적 태도를 고집하고 있었다. 여기서 로렌츠의 노력은 마치 처방된 약을 먹기를 완강히 거절하는 환자를 달래어 치료하는 의사의 그것과 비숫했다.

로렌츠는 자기가 정한 행동의 방향이 옳다고 생각되었을 때에는 결코 굴하지 않았다. 전쟁 직후에 그는 중유럽 제국의 학자와 단체를 제하고 전승국의 학자들로만 구성된 〈연구회의〉의 지도부에 참여한 일이 있었다. 이러한 조치를 취한 로렌츠의 목적은 중유럽 학계의 오해를 샀으나 이 협회를 진정한 국제적 기관으로 확충시키는 데 큰 영향을 주었다. 로렌츠와 다른 선의(善意)를 가진 사람들은 거듭 노력하여 동회의의 규약 가운데서 불쾌한 배제조항을 삭제하는 데 성공했다. 그러나 학계간의 정상적이요, 유익한 협동을 회복하려는 목표에는 아직 도달하지 못했다. 그 이유는 중유럽제국 학계가 거의 4년간이나 국제회의에서 제외 당해 왔으므로 분격하여 거부하는 태도로 응수하는 것이 습관이 되어 있었기 대문이다. 그러나 이러한 학계간에 가로놓인 얼음[氷]이 곧 풀릴 것이라는 밝은 전망이 있었으니 그것은 정당한 이유를 위해서 노력하는 열성을 가진 사람들에 의해 고무된 로렌츠의 유능한 노력이다. 우리는 이에 감사해야 할 것이다.

로렌츠는 다른 방면에 있어서도 국제적·문화적 목적을 위하여 전력을 다했다. 그는 약 5년 전에 베르그송을 의장으로 하여 구성된 국제연맹의 국제 지성위원회에 참가할 것을 승낙했다. 작년부터 로렌츠는 동위원회의 의장이 되었다. 이 위원회는 그의 소속 기관이 파리 연구소의 사업을 지원하는 동시에 각 문화계의 지성적·예술적 사업의 중개활동을 할 것이다.

여기에 이 지성적이요, 박애적이요, 솔직한 인격성에서 우러나온 유익한 영향을 주는 말이 있으니 즉 '말로만 하지 말고 봉사하라.'는 그의 충고이다. 이 충고처럼 말 없고 성실하게 실천해 나가는 그의 인간성이 주는 교훈은 사람들을 올바른 길로 인도해 나갈 것이다.

로렌츠의 금언이야말로 그의 정신을 승리의 길로 인도하고야 말 것이다.

## A · 벨리너 씨의 70회 생일을 축하하며

나는 벨리너 씨와 그의 업적을 높이 평가하는 이유를, 나의 친우 벨리너 씨와 그분이 주관하는 잡지 애독자 여러분에게 말씀드릴 수 있는 기회를 가지게 된 것을 기쁘게 생각한다. 이런 기회는 사람이 한 번밖에 얻지 못하는 중요한 기회인 것이다. 왜냐하면 객관적인 것을 연구하는 우리들은 모든 인간적인 것으로부터 멀리 떨어져 있어야 하는데, 오늘과 같은 이례적(異例的)인 기회에만은 인간적인 것과 가까워질 수 있기 때문이다.

이렇게 해방을 얻었다가 다시 객관적인 것으로 돌아가는 것이 아닐까! 과학적이라고 규정할 수 있는 사실의 영역은 굉장히 확대되었고 과학의 각 분야에 걸친 이론적인 인식은 상당히 깊어졌다. 그러나 인간 지성이 가진 이해력에는 현재는 물론 앞으로도 엄격한 한도가 있을 것이다. 따라서 개인 연구자의 활동은 인간 지식 가운데 점차 좁은 부문으로 한정되어 갈 것은 명백한 일이다. 그러나 이보다 더 우려되는 것은 이 전문화의 결과로 말미암아 진정한 탐구정신에 불가결의 것인 과학 분야에 관한 일반적인 파악이 전 문화의 발전과 보

조를 맞추는 일이 곤란해지고 있다는 사실이다. 마치
성경에 있는 바벨탑 이야기 비슷한 상황을 상징적으로
나타내고 있다고 하겠다. 각 분야의 진지한 과학자들이
이러한, 점차로 좁아지는 지식에로 모르는 사이에 하락
하는 것을 의식하게 되었다는 것은 슬픈 일이라 아니할
수 없다. 이는 넓은 식견을 가진 탐구자로서의 지위를
상실케 하고 한 기계공의 지위로 타락케 하는 것이다.

  우리들은 모두 이러한 폐단 때문에 신음하고 있으면
서도 이를 감소시키려는 아무런 노력도 못하고 있지 않
은가. 그러나 벨리너 씨만은 독일어 사용국 사람들을
위하여 적당한 방법을 강구하고 있다. 그는 기성 통속
잡지들이 일반 사람들을 교도하고 자극하는 데 충분하
다는 것을 알고 있었다. 그러나 역시 그는 제 일류급으
로 잘 편집된 기관지가 과학자들의 연구 지침서 역할을
하는 데 필요함도 알고 있다. 이 과학자들은 과학적 문
제·방법·결과들의 발전을 자기의 판단으로 만들 수
있게 되었다. 벨리너 씨는 다년간의 노고를 통해서 커
다란 지성과 결단력을 가지고 이 목적을 위해서 헌신
노력했으며 우리들을 위해서 있는 힘을 다했을 뿐만 아
니라 우리가 말로써는 감사를 다할 수 없는 과학을 위
한 봉사에 전력을 다했다.

  그는 유능한 과학 문필가들의 협력을 얻어 그들로 하

여금 가능한 한 전문가가 아닌 사람들도 이해할 수 있
는 문장으로 표현하게끔 하였다. 그는 가끔 나에게 이
목적을 달성하려는 데서 생기는 고충을 얘기하곤 하였
다. 이러한 애로를 언젠가 그는 다음과 같은 수수께끼
로 표현하였다.

〔문〕 과학 저술가란 어떤 사람이냐?

〔답〕 미모사 초(草)와 다람쥐 사이에 난 혼혈종이다.

벨리너 씨의 성공은 광범한 과학 연구 범위를 가장
명석하고 포괄적으로 통찰하려는 강렬한 동경이 없었다
면 불가능하였을 것이다. 이러한 동경의 감정을 가지고
그는 물리학 교과서를 저술하였다. 이것은 다년간의 노
고의 결정이었다. 이 교과서에 대하여 얼마 전에 어떤
의학도로부터 다음과 같은 말을 들었다.

"이 책이 없었다면 나의 여가를 이용하여 현대 물리
학의 제 원리에 대한 명료한 관점을 어떻게 이해할 수
있었겠습니까. 벨리너 씨의 개괄에 대한 명료화와 이해
를 위한 노력은 과학의 문제·방법·결과들을 많은 사
람들의 마음 가운데 심어 주는 데 커다란 기여를 했습
니다. 그의 잡지 없이 오늘날의 과학생활을 생각할 수
가 없습니다. 지식을 살게 하고 살아 남아 있게 하는
일은 어떤 특수한 문제를 푸는 일 못지 않게 중요한 일
입니다. 우리는 모두 아들드 벨리너 씨의 혜택을 받고

있다는 것을 의식하고 있습니다."

그리고 포퍼어 린케우스 씨는 유능한 기술자요, 저술가였을 뿐만 아니라 그야말로 한 세대의 양심을 대표하는 몇 사람 안 되는 탁월한 인물 중의 한 사람이었다. 그는 사회는 각 개인의 운명에 대하여 책임을 져야 한다는 것을 우리에게 명시하였고 그것으로 말미암아 생기는 사회적 책임을 구현하는 길을 우리에게 명백히 해주었다. 그는 사회 혹은 국가를 숭배한 것이 아니었다. 그는 개인의 희생을 요구하는 권리를 각 개인의 조화로운 발전을 가능케 하는 사회적 의무에 기초를 두었다.

㈜ 벨리너 씨는 ≪자연과학(Naturwissenschaft)≫지의 편집자

# 외과의사 M · 카젠슈타인의 부음(訃音)을 듣고

　베를린 시에서 18년간이나 사는 동안 나에게 몇 사람의 친밀한 친구가 있었는데 그 중에서도 가장 친밀했던 친구가 카젠슈타인 교수이다. 10여 년 간에 나는 그와 더불어 여름 석 달의 휴가를 보냈었다. 그런데 그 대부분은 그가 가진 좋은 요트 위에서였다. 거기에서 우리들은 서로 흉금을 털어놓고 우리가 가지고 있는 경험·야심·정서 등에 관해 얘기했다. 우리 두 사람은 이 우정이 하나의 복된 일일 뿐만 아니라 상호 이해를 깊이 할 수 있게 했다고 느꼈으며, 그 사람에 의해서 이 우정이 보다 두터워졌고 그 가운데서 참으로 생기 있는 사람에게서 볼 수 있는 힘찬 공감을 찾아낼 수 있었다. 다시 말하면 이 우정은 우리 두 사람으로 하여금 그 우정을 더욱 뚜렷히 객관화하기 위하여 외적 경험과 무관계하는 데 도움이 되었다.

　나는 자유인이었다. 어떤 의무에 얽매이지 않고 힘든 책임도 지고 있지 않은 자유로운 사람이었다. 반면에 나의 친구 카젠슈타인 씨는 긴급한 의무와 위험에 직면한 환자들의 운명을 좌우해야 하는 무거운 짐을 지고

있었다. 그는 뜻하지 아니한 일로 아침에 위태로운 수
술을 한 날은 보트에 들어가기 전에 환자의 정황(情況)
을 알기 위하여 직접 전화를 걸곤 하였다. 그의 손에
맡겨진 환자의 생명에 대해서 그가 얼마나 깊이 배려하
고 있었는지 나는 잘 알고 있다. 그런데 이러한 외적
속박이 그의 정신의 날개를 끊어 버릴 수 없었다는 것
은 놀라운 일이었다. 그의 상상력과 유머는 말로 다 표
현할 수 없을 정도였다. 그는 결코 이탈리아인들이 그
들이 자유롭던 시대에 흔히 〈성실인(誠實人)〉이라고
불렸던 바와 같은 그런 전형적인 성실한 북 게르만인은
아니었다. 그는 젊은이처럼 브란덴부르크 호수와 산림
의 박력 있는 미관(美觀)에 대한 감수성이 컸다. 그리
고 능숙한 솜씨로 이러한 사랑스럽고 친밀감이 감도는
환경 속으로 보트를 저어 가면서 그는 나에게 그가 가
진 내심(內心)의 진정을 토로했다. 즉 그는 자기의 실
험·과학적 관념·야망에 대해서 얘기했다. 나는 그가
이러한 것들에 대해서 어떻게 시간과 정력을 바칠 수
있었는가 하는 데 놀랐다. 그러나 그의 과학적 탐구의
정열은 어떤 무거운 부담으로도 이를 냉각시킬 수가 없
었다. 과학적 탐구의 정열을 지닌 사람은 그 일을 다하
기 전에 죽어 버린다.

그가 관심을 가졌던 두 가지 문제가 있었다. 한 가지

문제는 실천의 필요성에 대한 강조였다. 그리하여 그는
늘 순전한 건(腱=해부학상의 섬유 결체 조직의 색조
(索條)로서 주로 심줄을 뼈에 달라붙게 하는 작용을 한
다)의 이식 기술을 통해서 건강한 근육을 상해(傷害)
된 근육 자리에 이식하는 새로운 방법을 연구하고 있었
다. 비범한 상상력과 근육 조직에 대한 정확한 지식을
가졌기 때문에 이 이식은 아주 쉽다는 것을 알고 있었
다. 그가 환자의 얼굴·발·손의 근육 조직을 정형(整
形)함으로써 정상적인 인간으로 만드는 데 성공했을 때
얼마나 기뻤을까! 그리고 또한 그에게 외과 치료를 받
게 하기 위해서 내과의(內科醫)들로부터 보내 온 환자
들에 대해서 수술하지 않고 치료했을 때 위액소(胃液
素)를 중화시킴으로써 위궤양(胃潰瘍)을 치료한 경우
에도 마찬가지로 기뻐했다. 또한 그 자신이 발견한 반
중독(反中毒) 코리세룸 방법으로 장막염(腸膜炎)을 치
료하는 것도 중요시했으며 또한 그 방법으로 성공했을
때 무한히 기뻐했다. 그는 이 치료법을 그의 동료들이
승인하지 않았다는 사실을 때때로 슬프게 생각했었다는
것을 부언해 둔다.

두번째 문제는 다른 종류의 생체조직들 사이의 대립
의 공통 관념을 다루는 것이었다. 그는 널리 적용될 수
있는 일반적인 생물적 원리를 바르게 추구하고 있다고

생각했었고, 또 그 의의를 큰 용기와 신념을 가지고 탐구했다. 이 기초 개념으로부터 출발하여 그는 골수와 골막이 서로 골격(骨骼)으로 결합되어 있을 때는 서로 그 성장을 돕는다는 사실을 발견해 냈다. 이러한 방법으로 회복되지 않는 상처의 병환을 설명하고 그것을 치료하는 데 성공했다.

이러한 생체조직 대립(生體組織對立)의 일반 개념은 특히 상피 세포(上皮細胞)와 결합조직에 대해서 최근 10년간 그가 과학적 정력을 바쳐 연구한 문제였다. 동물에 대한 실험과 영양액 속에서의 생체 조직의 성장에 관한 종합적 연구는 점차 실행되었다. 직무에 얽매여 있는 그는 놀랍도록 부단한 정열을 바쳐 온 그의 부인 크나코 여사의 협력에 얼마나 크게 감사했는지! 그는 생체조직의 성장을 희생해서 상피세포의 성장을 돕는 요소 그것의 놀라운 결과를 낳는 데 성공했다. 이 결과는 암 연구에 결정적인 중요성을 지니고 있다고 할 수 있다. 그는 그의 아들이 자기의 지적·독자적 후계자가 되는 것에 큰 기쁨을 느꼈었다. 그리고 그의 말년에 〈Sauer bruch〉에 대한 따스한 관심과 협동을 고취시키는 것을 즐겨했다. 그 때문에 그는 그의 생애를 바친 사실이 중단되지 않는다는 든든한 마음으로 죽을 수 있었다. 그리하여 그의 사업은 그가 성취해 놓은 방향으로 계속 수행되어 나아가게 될 것이다.

나야말로 무한한 선의(善意)와 고도의 창조적 천재를 지닌 이 사람을 친구로 가지게 되었음을 기쁘게 생각한다.

# 솔프 박사를 축하함

나는 여기 계신 솔프 박사에게 최대의 축복을 올리며 귀하가 없어서는 안 될 중진(重鎭)의 자리에 계신 레싱 대학에 대해서도 축하를 올립니다. 그리고 과학적·예술적·정신적 영양이 부족한 대중 사이의 긴밀한 연결이 필요하다고 인정하시는 분들에게도 축하의 말씀을 올립니다.

박사께서는 명예를 남길 수 없는 분야와 환경의 변천으로 인한 위험한 지적·정신적 생활의 일반적 기준을 위해 충성을 다하기를 주저하지 않았습니다. 체육에 대한 대단한 존중, 최근의 기술을 통한 생활의 복잡화가 야기한 조잡한 감정의 과다, 생존 경쟁의 치열화 등, 이 모든 것들은 경제적 불경기와 정치 생활의 잔혹성에 기인하는 것입니다. 이러한 모든 요소가 완숙한 인격, 참다운 문화에 대한 욕망 등에 적대(敵對)되는 것이며 또한 우리 시대를 야만적·물질주의적·피상적인 것으로 만들어 버립니다. 전체 지적 분야의 전 문화는 정신 노동자와 대중 사이의 커다란 간격을 만들어 놓았습니다. 이 간격은 예술과 과학의 업적으로 인하여 부유해진 국민생활을 더욱 곤란케 만들었습니다.

그러나 지식인과 대중과의 연관이 끊어져서는 안 됩니다. 그것은 사회의 향상과 지식노동자의 역량을 새롭게 하는 데 필요합니다. 왜냐하면 과학의 꽃은 사막에서 피어나는 것이 아니기 때문입니다. 바로 이러한 이유로 박사께서는 레싱 대학에 당신의 모든 정력을 바쳤습니다. 우리 모두는 귀하께서 이런 일을 해 주신 데 대해 감사드립니다. 그리하여 우리는 이러한 숭엄한 이상을 위한 귀하의 사업에 성공과 행운이 같이하기를 축원하는 바입니다.

# 부(富)에 대해서

　이 세상의 부(富)는 인류를 실천, 향상시키는 데 도움이 될 수 없다고 나는 확신합니다. 설사 그 재부(財富)가 자비로운 사람의 손에 있다고 하더라도 위대하고 천진한 품격의 표준은 훌륭한 사상과 고귀한 행위를 창조할 수 있을 뿐입니다. 돈만이 인색한 사람의 마음에 들며, 돈 가진 사람으로 하여금 하는 수 없이 돈을 쓰게 만듭니다. 카네기와 같은 거부의 돈주머니를 가진 모세나, 예수나, 간디를 생각할 수 있겠습니까.

## 교육과 교육자

= 어느 여학생에게 보낸 편지 =

디어 미스.

16페이지에 이르는 귀양의 원고를 읽어보았습니다. 그 글을 읽고 나는 미소를 지었지요. 귀양의 글은 여러 가지 점에 있어서 현명하고 탁월한 관찰이 있습니다. 솔직하고 어떤 점은 독자적인 견해를 가지고 있으며 그 러나 역시 전형적으로 여성적인 글입니다. '여성적'이란 것은 곧, 이 글이 사적(私的)인 원망에서 우러난 것이 라는 뜻입니다. 나도 역시 교사에게서 그와 똑같은 대 우를 받은 적이 있습니다. 즉 나의 선생은 나의 독자적 성격을 좋아하지 않았고 또한 나를 조수로 채용하기를 꺼렸습니다.(나도 당신과 같이 모범이 못 되었던 것은 사실입니다.) 그러나 구태여 나의 학창생활을 말할 필 요는 없을 것입니다. 나는 이것이 인쇄되거나 적극적으 로 대중에게 읽히는 것을 바라지 않습니다. 더욱이 우 리가 열심히 자기 일에 열중하고 있는 타인에게 불평을 말할 때는 우리 자신이 보잘것없는 것같이 여겨집니다.

그러므로 감정을 억제하고 귀양의 자녀들을 위하여 그 원고를 보관해 두십시오. 그리하여 위안을 얻고 교사의 말이나 생각에 대해서는 가볍게 넘기십시오.

더욱이 나는 연구원격으로 미국에 온 것이지 교육자로서 온 것이 아닙니다. 대체로 미국의 학교에서는 너무나 많이 가르치고 있습니다. 유일한 합법적 교육 방법은 되풀이하는 일입니다.

잘 피기를 바라며……

# 일본 학동(學童)들에게

나는 일본 학동들에게 인사의 말을 보내는 데 있어 특별한 자격을 가지고 있습니다. 왜냐하면 나 자신이 일본을 방문한 일이 있고, 또 일본의 도시와 가옥을, 그리고 일본의 산과 숲을 보았고 그 속에서 향토애를 지닌 일본 소년들을 만나 본 적이 있는 까닭입니다. 항상 나의 책상머리에는 일본 어린이들이 그린 커다란 그림책이 한 권 놓여 있습니다.

당신들이 멀리로부터의 나의 인사 메시지를 받을 때는 우리들의 시대는 다른 나라 사람 사이의 우의(友誼)와 이해에 가득 찬 교섭을 가져온 역사상 첫 세기라는 것을 당신들에게 말씀드리고 싶습니다. 그런데 이전에는 민족들이 서로 모르고 살았고 또한 서로 미워하고 무서워했던 것이 사실입니다. 그러나 앞으로는 이러한 형제와 같은 이해하는 정신이 각 민족간에 더욱 공고해질 것입니다. 이런 의미에 있어서 노인인 나는 일본 학동들에게 인사의 말씀을 보내며 그대들의 세대는 우리 낡은 세대를 훨씬 능가하기를 희망하는 바입니다.

# 교사와 생도(生徒)

=아동에게 보내는 연설=

"창조와 지식의 기쁨을 일으키는 것이 교사의 가장 큰 기술이다."

나의 친애하는 어린이들이여.

나는 오늘 명랑하고 복된 이 땅의 젊은이들을 만나게 된 것을 기뻐합니다. 당신들이 학교에서 배우고 있는 놀라운 것들은 모두 세계 각국의 열성적인 노력과 무한한 근로로 산출된 여러 책임의 결정이라는 것을 마음 깊이 새겨 주십시오. 이 모든 것은 당신들에게 유산으로 계승되고 있습니다. 그리하여 당신들이 이것을 받아서 이것을 영광스럽게 만들고 거기에 덧붙여서 그대들의 자손들에게 넘겨 주어야 하는 것입니다.

한 번은 죽어야 하는 우리들 인간은 우리가 공동적으로 창조하는 영원한 것 속에 불멸성을 이루어 놓습니다.

당신들이 항상 이 점을 생각한다면 여러분은 생활과 일에서 그 의의를 발견하고 다른 민족과 시대에 대해서 정당한 태도를 취하게 될 것입니다.

# 실락원(失樂園)

17세기에는 아직도 전 유럽의 학자와 예술가가 공통된 이념의 끄나풀로 통일되어 있었기 때문에 그들간의 협동이 정치적 사건의 영향을 거의 받지 않았다. 이 통일은 라틴어의 일반적 사용에 의해서 더욱 강화되었다. 우리는 오늘 이 상태를 낙원을 잃어버린 상태로 보았다. 민족주의 감정은 지성과 라틴어의 이 공동체를 파괴했다. 전 세계를 통일했던 이 공동체가 사멸했다. 학자는 민족 전통의 주된 대변자가 되어 버렸고 그 공통성은 상실되었다.

오늘날 정치가나 실무가들이 국제적 이념의 대표자가 되었다는 것은 우리로 하여금 기이한 감을 일으키게 한다. 국제연맹을 만든 것도 바로 그들이었다.

## 종교와 과학

　인류가 행동하고 사고한 모든 것은 필요를 만족시키고 고통을 덜어 주는 데 관한 것이다. 우리가 정신적 활동과 그의 발전을 이해하려면 항상 이 사실을 명기해야 한다. 감정과 욕망은 모든 인간의 노력과 창조의 원동력이다. 후자(後者)는 때로 고상한 형태로 우리에게 나타날 수도 있다. 그러면 넓은 의미에 있어서 사람으로 하여금 종교적 사상과 신앙을 가지게 하는 감정과 욕구는 무엇인가? 잠깐 고찰해 보더라도 종교적 사상과 경험의 시초에는 여러 가지 정서가 있는 것을 알 수 있다. 미개 민족에 있어서 종교적 관념을 일으키는 것은 모두 공포였다. 기아(飢餓)·야수·질병·죽음 등의 공포이다. 이 단계에서는 인과적 연관의 이해가 빈약했기 때문에 인간 정신은 이러한 공포가 의존하고 있는 의지와 활동을 가진 유사한 사물을 만들어 낸다. 누대(累代)에 계승된 신앙에 의해서 그 존재를 유화(宥和)·위무(慰撫)하는 행사를 하고 희생을 제공하면 그 존재는 사람에게 은혜를 베풀 것이라고 생각한다. 나는 이것을 공포종교라고 한다. 이 공포종교는 창조되지는 않는다 하더라도 공포의 대상인 존재와 민중 사이의 중개자로서 자처하고 그 기초 위에서 지배권을 수립하는 특수 승려계급이 형성됨으로써 안정된다. 때로는 다른 요소에 의해서 창조자 혹은 지배자의 지위에 있는 사람도 속세의 지배를 강화하기 위해서 승려의 직능을 겸하기도 한다. 환언하면 정치적 지배자와 승려 계급과의 이익 공동체로 화한다.

종교현상의 원천은 사회적 감정이다. 아버지들과 어머니들, 또한 좀더 큰 인간 공동체의 지도자들은 반드시 죽음을 면할 수 없고 과실이 있을 수 있다. 지도와 사랑과 의뢰에의 동경은 사람으로 하여금 사회적이요, 도덕적인 신의 관념을 형성하게 한다. 수호하고 정하고 상벌을 주는 섭리(攝理)의 신이 그것이다. 신앙자의 시야(視野)의 넓이에 따라서 종족의 생명, 혹은 인류의 생명을 사랑하고 수호하며 슬픔과 불만 가운데 있는 동경자의 위무자이며, 죽은 사람의 영혼까지도 보호하는 것이 신이다. 이것이 곧 사회적 도덕적인 신의 관념이다.

구약성서를 보면 공포종교에서 도덕종교에로의 발전을 잘 엿볼 수 있다. 이 발전은 신약성서에도 계속되어 있다. 모든 문화민족의 종교, 특히 동양민족의 종교도 원래는 도덕종교이다. 공포종교에서 도덕종교에로의 발전은 민족생활의 거대한 진보이다. 그러나 원시민족의 종교는 순전히 공포종교였고 문화민족은 순전히 도덕종교라는 편견을 우리는 경계해야 한다. 사회생활이 고도로 발전된 단계에서는 도덕종교가 지배적이기는 하지만 그들은 모두 혼합형들인 것이다.

이 모든 형태에 공통되는 특징은 신의 관념이 '신인적(神人的)'성격을 가졌다는 사실이다. 이 단계를 초월할 수 있는 것은 오직 예외적인 천재성을 지닌 개인이나 예외적으로 고도로 발전된 사회뿐이다. 또 하나는 종교적 체험의 제3단계가 있다. 나는 이것을 우주종교(宇宙宗敎) 감정이라고 부르고 싶다.

그런 우주종교에는 그런 인격적인 신의 개념이 존재치 않기 때문에 그런 우주종교 감정을 전혀 느껴 보지 못한 사람은 이것을 이해할 수 없을 것이다. 개인은 인간의 욕구와 목적의 허무함과 자연과 사상의 세계에 나타나는 놀라운 질서의 숭엄성을 느낀다. 개인은 개인 존재를 일종의 감옥이라고 생각하고 우주 전체를 통일적인 것, 유의의(有意義)한 것으로 보고자 한다. 우주종교의 싹은 이미 이전의 발전단계에서, 예컨대 다윗의 많은 시편이나 몇 사람의 선지자에서 볼 수 있다. 불교에는 우주종교적 요소가 더욱 많다는 것을 우리는 쇼펜하우어의 훌륭한 저서에서 배운 바 있다. 모든 시대의 종교적 천재는 우주종교에 의해서 탁월해졌다. 우주종

교에는 교리도 없고 인격적인 신도 없다. 그러므로 우
주종교를 교리 내용으로 하는 교회란 존재하지 않는다.
모든 시대의 이단자 중에는 같은 시대 사람들한테서 무
신론자 혹은 성인이라는 말을 들었지만, 이 이단자 중
에 가장 높은 종교성으로 충만되어 있는 인간이 있는
것이다. 이러한 관점에서 본다면 데모크리토스, 아시시
의 성 프란시스, 스피노자 등은 서로 비슷한 점이 많다.

우주종교에는 일정한 신의 개념도 신학도 없는데 어
떻게 해서 한 사람에서 한 사람에게로 전도될 수 있을
까. 나의 의견으로는, 감수성이 풍부한 개인에게 이러
한 종교성의 감정을 일깨워 주고, 생생하게 생동케 해
주는 일은 예술과 과학이 지닌 최대의 기능에서 기인된
것이라고 본다.

이리하여 보통 무관계하다고 생각되었던 과학과 종
교의 관계가 서로 밀접한 관계를 가졌다는 결론에 이르
게 된다. 우리는 역사적 전통에 휩쓸려서 과학과 종교
를 서로 화해할 수 없는 적대자라고 생각하기 쉽다. 그
이유는 곧 이해할 수 있다. 모든 현상간의 인과법칙을
확신하는 사람은 우주 운행을 간섭하는 어떤 존재자 따
위의 이념을 잠시라도 가질 수 없을 것이다. 물론, 인
과율의 가정을 철저히 보유한다는 전제 밑에서 하는 말
이다. 이러한 사람에게는 공포종교는 물론 사회종교나

도덕종교도 아무런 소용이 없게 된다.

인간은 외적 및 내적 필연성에 의해 결정된 행동을 하기 때문에 견책받지 않는 것은, 마치 무생물이 그 운동에 대하여 책임이 없음과 같다는 점만으로도, 상벌을 주는 신이란 생각할 수 없는 것이다. 그러므로 과학은 도덕을 전복시킨다는 비난도 있었다. 그러나 이것은 부당한 일이다. 인류의 윤리적 행동은 동정심, 교육 및 사회적 결합에 기초를 두는 것이지, 종교적 기초를 필요로 하지는 않는다. 만일 인간이 사후(死後)의 상벌의 공포와 희망에 얽매여 있어야 된다면 이것은 서글픈 일이 아닐 수 없다.

그러므로 교회가 옛적부터 과학과 싸우고 과학자를 박해한 이유를 여기서 알 수 있다. 그러나 일면 우주종교는 과학 연구를 격려해 주는 가장 강력하고 고상한 동기라고 나는 주장한다. 획기적인 이론과학 연구에 필요한 막대한 노력과 특히 헌신을 평가할 수 있는 사람만이 직접적 실생활과는 거리가 먼 이러한 학문 연구의 원천이 되는 강렬한 감정을 평가할 수 있는 것이다.

케플러와 뉴턴은 다년간 고독 가운데서 연구를 계속하여 천체역학의 〈메커니즘〉을 탐구 해명했던 바, 그들의 가슴에는 세계의 이성에 대한 깊은 믿음과 이 세계에 나타나는 세계정신의 비록 조그만 반영일지라도 이

를 파악하려는 강렬한 동경이 얼마나 진지하였던가. 과
학 연구를 대체로 실제적 성과만 보고 평가하는 사람은
어느 세기를 막론하고, 세계 각국에 산재한 공명자에게
나아갈 길을 가리킨 사람—같은 시대의 회의주의자에
둘러싸인 뉴턴이나 케플러—들의 정신을 정당히 이해하
지 못한다. 같은 목적을 위해서 일생을 바친 사람은 목
표에 충실하기 위해서 수없이 실패를 거듭했다고 하더
라도 언젠가는 고귀한 노력의 대가를 세상 사람들로부
터 인정받을 날이 올 것이다.

# 학문연구의 종교성

미세한 부분에 이르기까지 구명해 내고야 말겠다는 진지한 과학정신의 소유자라면 대개가 종교성을 가지고 있을 것이다. 그러나 이러한 과학인의 종교성은 원시인의 그것과는 다르다.

원시인은 신의 벌을 두려워하고 신의 도움을 희구한다. 그것은 마치 어린애가 아버지를 대하는 것과 같은 승화(昇華)된 감정이다. 그러나 과학인(科學人)의 감정은 아무리 존경에 넘쳐 있을지라도 어느 정도 인격적인 관계에 있는 존재(存在) 사이의 감정이다.

또한 과학자는 모든 현상의 인과율을 확신하고 있다. 과학자에게 있어서는, 미래는 과거와 똑같이 필연적이고 결정되어 있다. 도덕적인 것은 그에 있어서는 신에 관한 일이 아니라 순전히 인간적인 문제이다.

그의 종교는 자연의 합법성, 조화에 대한 황홀한 경이에 있다. 이 조화에는 탁월한 이성이 계시되어 있다. 이에 비하면 인간의 모든 의미 깊은 사고와 구상도 미미한 반영물에 지나지 않는다.

## 파시즘과 과학

=로마의 로코 장관에게 보내는 글=

장관 귀하.

가장 진실하고 존경할 만한 두 사람의 이탈리아 과학
자가 양심의 고민을 참아 가면서 이탈리아의 학자를 위
협하고 있는 가혹한 곤란을 피할 수 있도록 귀하에게
서신을 보내 줄 것을 나에게 요청해 왔습니다. 편지 내
용은 파쇼 조직에 충성을 서약하는 선서 방식의 문제화
에 관한 것이었습니다. 귀하가 무솔리니 씨에게 충고하
여 이탈리아 문화의 번영이 이 굴욕을 면하도록 해 주
시기를 희망합니다. 비록 정치적 신념은 다를지라도 근
본적인 점에 있어서 귀하와 공통됨을 나는 잘 알고 있
습니다. 우리는 유럽의 정신적 발전의 번영에서 최고의
재화를 발견하고 이를 사랑합니다. 이것은 진리 탐구의
노력이 다른 모든 노력보다 우위를 차지해야 한다는 원
칙 밑에, 신념과 학문의 자유에 기초를 두고 있습니다.
이 기초에 의해 그리스에서 우리 문화가 발생하였고,
이탈리아에서 르네상스시대에 문화의 부흥을 찬미할 수

있었던 것입니다. 이 최고의 재화는 순수하고, 위대한 인물의 순교자의 피를 그 대가(代價)로 치렀습니다. 이 까닭에 이탈리아는 오늘날까지 사랑과 존경을 받고 있습니다.

나는 국가적 이유라는 명목 밑에 행하여지는 인간 자유의 침해가 정당한 것인가 하는 문제를 가지고 귀하와 논쟁할 생각은 조금도 없습니다. 그러나 어떤 나라든지 일상의 실리(實利)의 독립된 과학적 진리의 탐구를 존중하여야만 합니다. 진리의 충실한 사도가 안녕을 보존해야만 한다는 것은 모든 사람의 최고의 관심사입니다. 이것은 물론 이탈리아 국가와 그 명성에도 관계가 있다고 봅니다.

# 평론가에게 보내는 축사

　세속의 유행을 초월하여 자기 자신의 눈으로 보고 느끼고 판단한다는 것, 본 바나 느낀 바를 간결하게 그리고 예술적으로 표현할 수 있다는 것은 훌륭한 일이 아니고 무엇이겠습니까? 이 밖에 또 무슨 축사를 올릴 말이 있겠습니까.

# 버나드 쇼에게 드리는 인사

자기가 살고 있는 시대의 결함과 우둔을 간파하고 자신은 그것에 물들지 않을 만큼 독자적인 인간이란 그리 많은 것이 아니다. 그리고 이들 고독한 사람들은 인간의 완고함에 부딪쳐 활발히 활동할 용기를 상실하고 마는 것이 예사이다. 극소수의 사람이 섬세한 유머와 우미(優美)로 세대를 뇌살케 하고 몰개인적(沒個人的)인 예술적 방법으로 시대의 거울이 될 수 있다. 우리에게 기쁨과 교훈을 준 이 부류의 최대의 예술가에 대하여 진심으로 인사말을 드린다.

# 나의 미국 인상기

미국에서 받은 몇 가지 인상을 말하겠다는 약속을 지켜야 하겠으나 이것은 쉬운 일이 아니다. 나는 미국에서 대단한 후대(厚待)와 분에 넘치는 존경을 받았으므로 객관적인 견지에서 미국을 관찰하기가 쉽지 않았기 때문이다. 우선 이 점에 관해서 잠간 언급해 보자. 나의 의견으로는 개인을 맹신함은 옳지 못한 것이 예사이다. 자연은 모든 사람에게 공평하게 재능을 부여하지는 않았다. 그러나 고맙게도 재간 있는 사람이 많다. 그들의 대부분은 고요하게 눈에 띄지 않는 생활을 하고 있음을 나는 잘 알고 있다. 특별한 재능을 가진 소수인에 초인적(超人的)인 정신력과 인격이 있다 하여 이 사람에게 무턱대고 탄복하는 것은 옳지 못할 뿐만 아니라 불쾌한 일이다. 이러한 게 이제는 나 자신의 운명이 되고 말았다. 나의 실제적인 능력 및 공적은 사람들이 상상하는 것과는 너무나 멀다는 말이다. 다음에 말하려는 위안이 없다면, 이 기묘한 응대는 참을 수 없는 일일 것이다. 이 사실은 물질주의적이라고 비난을 받는 현대에 있어서는, 오로지 도덕적 분야의 목표를 추구한 사

람을 영웅이라 보는 것은 유쾌한 현상이다. 이는 인류
의 대부분이, 지식과 정의(正義)를 재산과 권력보다 존
경한다는 증좌이다. 나의 경험에 의하면 이러한 이상주
의적 견해는 특히 물질적이라고 욕을 먹고 있는 미국에
서는 오히려 현저하다. 이야기가 옆길로 들어갔다. 여
러분은 나의 평범한 말을 너무 지나치게 평가하지 말기
를 바란다.

미국 여행자가 제일 먼저 놀라는 것은 이 나라의 기
술자 조직관계가 우수하다는 점이다. 일상생활의 필수
품은 유럽의 그것보다 실질적이고 주택은 비교도 안 될
만큼 실용적으로 설립되어 있다. 모든 것이 인간의 노력
을 절약하도록 만들어져 있다. 자연자원은 풍부하고 인
구밀도는 조밀하지 않고 노동력은 고가(高價)이다. 노
동력이 고가이므로 기술의 보조책과 방법이 극도로 발
달되어 있다. 이와 반대로 중국이나 인도에서는 노동 임
금이 싸므로 기계 사용의 발달이 방해를 받고 있다. 유
럽은 그 중간이다. 일단 기계가 고도로 발달되면 기계의
값은 아무리 싼 노동력보다도 싸게 된다. 아량이 없는
정치적 이유로 자기 나라의 인구 증가에만 전념하고 있
는 유럽의 파시스트는 이 점에 유의하기를 바란다. 물론
이것은 수입금지세로 외국 물품 수입을 방지하고 있는
미국의 조심성과는 좋은 대조를 이루고 있다……. 하여

튼 아직 아무것도 모르는 여행자가 골머리를 썩혀 가면서 모든 물질에 대해 합당한 답변을 하려고 함은 무모한 일이라고 생각한다.

둘째로 여행자의 주목을 끄는 것은 쾌활하고 적극적인 미국인들의 생활태도이다. 사진을 찍을 때의 웃음은 중견 미국인의 상징이다. 미국인은 친절하고, 자각이 있고, 낙천적이고, 남을 부러워하지 않는다. 유럽인은 마음놓고, 유쾌하게 미국인과 교제할 수 있다.

이와 반대로 유럽인은 미국인보다 비판적이며 자의식적이고, 친절이 부족하고 독하며, 오락이나 독서에 까다로운 요구를 하고, 대부분은 다소간 비관주의에 빠져 있다.

유쾌한 생활의 향락이라는 것이 미국에서는 큰 역할을 하고 있다. 이를 위하여는 평안·안녕·안전보장 등이 저해당해도 좋다는 것이다. 미국인은 유럽인에 비해 모든 것이 항상 생성되어 갈 뿐 고정되어 있지 않다.

유럽인은 미국인보다도 정적(靜的)이고, 아시아인과 러시아인은 유럽인보다 더 정적이다. 그러나 미국인이 아시아인에 가까운 점도 있다. 경제적 관점에서가 아니라 심리적 견지에서 본다면, 미국인은 유럽인처럼 개인주의적이 아니다.

'우리들(We)'이 '나(I)'보다 강조된다. 습관과 관습

이 중시되고 각 개인의 인생관, 도덕관 및 취미는 유럽
에서처럼 큰 차이가 없고 모두 비슷하다. 이 사실이 바
로 미국 경제가 영국을 압도한 중요한 원인이기도 하
다. 그러므로 협력과 분업이 손쉽게 충돌을 일으키지
않고 수행된다. 공장에서도 그렇고, 대학에서도 그렇
고, 개인사업에서도 그렇다. 이런 태도는 부분적으로는
영국의 전통에서 유래하는 것일지도 모른다. 외관상 이
와 대립되는 것은 국가권력의 작용 범위가 비교적 좁다
는 사실이다. 유럽인들은 전신·전화·철도·학교 등이
대개가 미국에서는 민간인의 수중에 있음을 보고 놀란
다. 이것은 앞서 말한 바와 같은 개인의 사회관에서 가
능한 것이다. 재력의 극단적인 불평등도 참을 수 없는
곤란을 줄 정도의 것이 아니다. 사회보장상의 책임감은
유럽보다 훨씬 발달되어 있다. 그들은 막대한 사재(私
財), 그리고 때로는 자신의 정력까지도 사회에 제공하
는 것이 지당하다고 생각하고 있다. 또 강력한 여론이
이를 강조한다. 이리하여 중요한 문화 기능이 개인사업
에 위임되고 정부의 역할은 비교적 국한되어 있다.

국권의 위신은 금주령으로 일층 떨어졌다. 법률이 강
제력을 잃을 때처럼 국가와 법률의 위력이 위기에 빠질
때는 없다. 미국에서 죄수의 놀라운 증가가 이런 점과
밀접히 관련되어 있다는 것은 공공연한 비밀이다.

내 생각으로 금주령은 또 하나 다른 점에서 정부를 약화시켰다. 요정에서는 공동 문제에 대하여 각자의 의견을 교환할 수 있다. 이러한 기회가 없어졌기 때문에 나의 견해로는 대개는 특별한 이해관계를 가진 단체가 조종하고 있는 신문이 미국의 여론을 과도로 좌우하고 있다.

미국에서의 황금만능사상은 아직도 유럽보다 심하다. 하지만 점점 약화되어 가는 것 같다. 쾌활하고 행복한 생활을 함에는 수백만의 재산이 필요치 않다는 것을 점점 깨닫기 시작한 것이다.

예술에 관하여 말하면, 근대 건축물과 일상생활품에 표현되어 있는 세련된 취미에 나는 정말 놀랐다. 그러나 이 반면에 조형예술(造形藝術)과 음악은 유럽에 비하여 그다지 민중의 관심을 끌지 못하는 것 같다.

과학연구소의 공적에는 감탄할 바가 있다. 미국의 과학연구소가 점차로 우리를 능가하고 있는 이유가 순전히 거대한 부력 때문이라는 생각은 옳지 못하다. 이러한 성과를 거두는 데는 헌신적 노력·인내력·동지애와 단결이 중대한 역할을 하고 있다. 끝으로 한 마디 말하고자 한다. 합중국은 현재 지구상에서 가장 고도로 기술이 발달된 나라이다. 국제관계에 있어서의 미국의 영향은 지극히 크다. 미국은 큰 나라인데 미국인은 지금까지 국제적 대문제에 별로 관심을 보이지 않았다. 오늘날의 가장 큰 국제 문제란 군비축소 문제이다. 미국인 자신의 이해를 위해서도 이러한 태도는 고쳐져야 한다. 세계대전은 유럽 대륙에는 국경이 없음을, 그리고 각국의 운명은 서로 밀접하게 교착되어 있음을 명시하였다. 미국인은 국제적 정치 문제에 있어서 고도의 책임감을 느껴야 한다고 나는 생각한다. 방관적인 태도는 미국인답지 않은 일이며, 결국에 가서는 우리 모두가 불행에 떨어지게 된다는 것을 알아야 할 것이다.

# Ⅱ  정치와 평화주의

# 평 화

국제 평화를 확보하는 일이 중요하다는 사실은 앞 세
대의 중요 인물들에 의하여 인식되었다. 기술이 발달된
현대에 있어서 이 윤리적 요청은 문화인의 생존 문제가
되고, 평화 문제의 해결에 적극적으로 참여함은 양심적
인 사람이라면, 아무도 피할 수 없는 양심의 문제가 되
어 있다.

무기생산에 종사하고 있는 재벌이 모든 나라에서 국
제분쟁의 평화적 조정을 방해하고 있다는 사실과, 위정
자들은 인민의 대다수의 강력한 지지를 받아야만 중요
한 목적을 달성할 수 있다는 사실을 명심하여야 한다.
민주주의적 정부형태를 가진 오늘날, 인민의 운명은 인
민 자신의 손에 달려 있는 것이다. 한 사람 한 사람이
이 점을 기억하고 있어야 한다.

# 평화주의 문제

신사 숙녀 여러분!

평화주의 문제에 관하여 내게 몇 마디 말 할 기회를 준 것을 감사드린다.

과거 수년의 경과로 보아 군비축소와 호전적 태도에 대한 투쟁을 정부에 맡김이 부당함은 명백해졌다. 그러나 많은 산하단체를 가진 대조직을 창설함으로도 목적을 달성할 수 없었다.

내가 확신하는 바로는 각국의 용감한 전쟁 반대자를 물질적·정신적으로 후원하는 여러 단체를 통솔하여 병역폐지를 강력히 관철시킴이 최상의 방법이다.

이리하여 우리는 평화주의 운동을 사실로 투쟁에까지 철저화시켜 유력한 인사의 주의를 끌 수가 있다.

이것은 불법적 행동이다. 그러나 정부가 국민에게 범죄행위를 강요하고 있으니 이에 대항하여 인권을 옹호하려는 투쟁이다.

훌륭한 평화주의자로 자처하고 있는 사람 중에는 애국이란 명목 하에 행해지는 이렇듯 과격한 평화주의에는 찬동을 주저하는 사람이 많을 것이다. 그러나 사태

가 긴급한 만큼, 이런 이유를 고려할 수 없다. 세계대
전이 이를 충분히 증명하였다. 나의 의견을 여러분에게
말씀드릴 수 있는 기회를 준 데 대하여 심심한 사의를
표한다.

# 군비축소 학생대회에서의 연설

선인(先人)은 우리에게 고도로 발달한 과학과 기술을 주었는데 이것은 우리의 생활을 해방하고, 개선할 가능성이 있는 대단히 귀중한 선물이다. 우리의 선인은 그 선조로부터 이러한 귀한 선물을 받지 못하였다. 그러나 이 선물은 인류생활에 지금까지는 없었던 무시무시한 위험을 가져왔다.

문명인의 운명은 자신이 기를 수 있는 도덕력에 좌우됨이 이전보다도 크게 되었다. 그러므로 우리가 해결해야 할 과제는 선인의 그것보다 더 힘든 일인 것이다. 식량과 일용품은 이전보다 훨씬 적은 노동시간으로 생산할 수 있다. 그러나 이 때문에 노동생산품의 분배가 대단히 곤란한 문제로 되었다. 경제력의 자유 사용, 재산과 권력을 위한 개인의 무질서하고 무제한한 노력이 자동적으로 이 문제를 만족스럽게 해결하지 못함을 우리는 알고 있다. 귀중한 생산력의 낭비와, 인민 대다수의 빈곤화와 야만화를 방지하려면 물자의 생산, 노동력의 활용, 생산품의 분배 등에 대한 계획·통제가 필요하다. 경제생활에 있어서의 '신성한 이기주의(Sacra egoisms)'는 비참한 결과를 가져오지만 또한 국제관계에 일 층 악질적인 결과를 가져온다. 만일 전쟁을 방지하는 수 단이 급속히 강구되지 않으면, 전쟁기술의 발달은 인류 의 생활을 참을 수 없는 참경에 빠뜨릴 것이다. 이와 같 이 중대한 목적을 위한 우리의 노력은 참으로 불충분하 였다.

군비축소와 전쟁행위 제한의 조약으로 전쟁의 참화 를 강조하려고도 한다. 그러나 전쟁은 출전자가 시합 규칙을 엄수하는 단체경기와는 다르다. 죽느냐, 사느냐 가 문제일 때 조약과 의무가 무엇인가. 무조건 전쟁을 기피하는 것만이 살 길인 것이다. 국제중재 재판소의 창설만으로는 부족하다. 각국이 협력하여 국제 전쟁재 판소의 판결에 복종함을 보장하는 조약이 체결되어야 한다. 이런 보장이 없다면, 각국은 진실로 군비를 축소 할 용기가 없을 것이다.

예컨대, 미·영·독·불의 정부가 완전한 경제 보이 콧으로 일본 정부를 위협하여 중국에 있어서의 군사행 동을 중지시켰다고 상상하여 보라. 자국을 이런 모험에 집어넣으려는 정부가 일본에 존재할 줄 아는가. 무슨 까닭에 가련한 순간적 이익을 찾기에 급급하고, 사회의 안녕과 번영을 존중할 줄 모르겠는가.

그런고로 나는 제일 먼저 인류의 운명은 이전보다도

일층 도덕력에 의존하고 있다고 말하고 싶다. 어느 곳
을 막론하고 양보와 자제로써만이 안락하고 행복하게
사는 이 길을 찾을 수가 있다.

　이렇게 발전하는 힘은 어디서 나오는 것일까. 청년
시대에 열심히 공부하여 정신을 연마하고, 식견을 넓힌
사람만이 이 힘을 갖는다. 그런고로 우리들 노인은 우
리가 달성하지 못한 바를 제군이 전력을 다하여 이룩하
기를 바란다.

# 병역의무에 관해서

=어떤 서한에서=

독일이 의무병역제를 채용함을 용인하느니보다는 이
제도를 파기하고, 지원병만을 남기는 것이 좋을 것이
다. 지원병의 병력과 장비는 주네브에서 토의하기로 하
자. 이것은 프랑스를 위해서도 유리할 것이다. 이리하
여, 군사교육이 가져오는 폐화로 야기되는 심리작용과
이것과 관련된 인권의 침해를 방지할 수 있다. 그뿐 아
니라, 모든 분쟁의 조정을 중재재판소의 강제적 중재에
위임하기로 합의한 두 나라에 있어서는 양국의 직업적
군인의 군사기구를 통합하여 혼성된 간부의 단일체를
만드는 것은 용이한 일일 것이다. 이것은 양국의 경제
적 부담의 경감과 안전감의 증가에도 유효하다. 이러한
합병과정이 점차로 큰 결합체를 만들어서 결국에는 국
제경찰에까지 발전할 수도 있다. 그러나 국제 경찰은
국제 안전이 보장됨에 따라 점차 해체되어야 한다.

여러분들은 상술한 나의 제안을 여러 동지와 토의할
만하다고 생각하는가. 나는 물론 이런 색다른 제안을

고집하려고 하지는 않는다. 그러나 여기에서는 적극적 주장과 적극적 추진력이 필요한 것 같다. 단순한 방위책으로는 효과를 거둘 수 없다.

# 독일과 프랑스

프랑스가 독일의 군사공격을 받지 않는 안전보장의 요구가 만족되어야만 양국간에 신뢰할 수 있는 협력이 성립할 수 있다. 그러나 프랑스가 이에 관한 요구를 제출하면 독일은 이를 악의로 해석할지도 모른다.

그런고로 다음과 같은 방책이 가능할 것 같다. 독일 정부가 자발적으로 프랑스에 대하여 열국이 다음의 조항을 준수하기를 국제연맹에 공동으로 요청하도록 제의하는 것이다.

① 국제 중재재판소의 판결에 복종할 것.

② 평화를 파괴하고 세계평화를 위한 국제 공약을 위반하는 국가는 나머지 여러 나라가 협력하여 전 군사력 경제력을 동원하여 처리할 것.

# 중재재판소에 관하여

단기간의 계획적 군비축소—이것은 각국 정부에서 독립된 항구적 중재재판소가 각 국가의 안전을 보장할 수 있어야만 가능하다.

각국이 중재재판소의 결정을 수리만 할 것이 아니라 실행하여야 하는 무조건적 의무가 필요하다.

유럽·아프리카·미국·아시아(오스트레일리아는 이 중의 하나로 가입함)에 각각 한 개씩 중재재판소를 두고, 두 개 지역 이상에 관련하는 사건을 심리하기 위하여 연합 재판소를 설치한다.

## 과학 국제회의

전쟁중 국가적 · 정치적 맹목화가 절정에 이르렀을 때 아카데미 회합에서 에밀 피셔(1902년도에 노벨상을 받은 독일의 화학자)는 다음과 같이 강조하였다. '안 될 말이다. 여러분, 과학은 현재나 장래나 국제적인 것이다.' 정치적 혼란기에는 소심한 동료에서 고립은 되지만, 위대한 과학자는 언제나 이 점을 인식하고 절실하게 느꼈다. 소심배(小心輩)는 대전중 각처에서 자기에게 위임된 신성한 권리를 배반하였다. 아카데미의 국제적 연합은 결성되지 못할 것이다. 학회는 전 적국(敵國)의 학자를 제외하고 개최되고 있으며, 이 상태는 계속될 것이다. 엄숙한 표정을 하고, 주장하는 이른바 정치적 고려가 위대한 목적의 달성에 필요한 순수한 객관적 입각점의 승리를 방해하고 있다.

순간적인 감정의 유혹에 빠지지 않는 선량한 사람들은, 상실한 단결심을 회복하기 위하여 무엇을 할 것인가? 정신노동자의 대부분은 아직도 흥분하고 있기 때문에 긴장한 대규모 국제회의는 개최되지 못할 것이다. 또 국제적 과학공동연구의 부활에 대한 심리적 반항이 강력하므로 이런 사람들은 대국적 견지에서 사물을 보는 소수인에 극복되지는 않을 것이다. 대국적 견해의 보유자는 각국의 동지와 긴밀한 관계를 맺어 그들의 활동범위 내에서는 국제적 관심이 지배적이 되게 함으로써 국제단체의 건강 회복이라는 위대한 목적에 공헌할 수 있다. 전반적 성과는 더 기다려 봐야 하겠지만 반드시 성공할 것이다. 나는 이 기회에 곤란한 최근 수년간 다수의 영국학자가 정신적 결합의 보지를 위하여 활발하게 노력하고 있음을 지적하고, 찬사를 올리려 한다. 각처에서는 개인 의견보다도 공공 사회의 견해가 미약하다. 선량한 사람은 이 점을 명기하여 격분하든지 혹은 속지 말도록 하여야 한다. 원로원의 의원들은 좋은 사람이나 원로원은 짐승이다.(Senatori boni uiri, senatus autem bestia.)

내가 전면적 국제기구 설치가 진척되리라는 확신을 가지고 희망을 품고 있더라도 이는 개인의 통찰과 고상한 견해에 의뢰함이 아니라 경제발전이 가져오는 불가항력적 압력에 기초를 두는 것이다. 이는 보수적 과학자의 정신활동에도 심각하게 영향을 주므로 이들도 부득이 국제기구의 창설에 조력하게 될 것이다.

# 정신적 협력을 위한 학회

금년에 이르러 비로소 유럽의 지도적 정치가들은 여러 나라 사이의 전통적 잠재적 투쟁이 중지되어야만 세계가 번영할 수 있다는 결론에 도달하였다. 유럽의 정치기구는 강화되어야 하며 관세의 장벽을 점차로 제거하도록 노력하여야 한다. 이러한 큰 목적은 전혀 국가간의 조약만으로는 달성할 수 없다. 무엇보다도 정신의 준비가 긴요하다. 지금까지와 같이 국경 내에 머무는 것이 아닌 인간의 단합심을 환기시켜야 한다. 이 점을 고려하여 국제연맹은 지성적 협력위원회를 창립하였다. 이 위원회는 절대적으로 국제적이고, 정치를 초월하여서 정신생활의 모든 분야에 있어서 대전중에 고립한 각국의 문화권의 재결합에 노력하여야 한다. 이것은 어려운 과제이다. 그 이유는, 적어도 내가 잘 알고 있는 여러 나라에서는 실무자보다도 학자와 예술가가 편협한 국가감정에 사로잡혀 있다는 것이, 유감스럽지만 사실인 까닭이다. 지금까지 이 위원회는 해마다 두 번씩 회의를 가졌다. 그 활동을 더욱 효과적으로 하기 위해서 프랑스 정부는 정신적 협력을 위한 학구적인 학회를 창립하고, 유지하기로 한 바 그 개회식이 즉 이 회합인

것이다. 이는 프랑스 정부의 너그러운 처사로서 이에
심심한 사의를 표하는 바이다. 좋은 일에는 갈채를 보
내고 찬양하고, 가엾은 일, 언짢은 일에는 모르는 체하
는 것은 쉬운 노릇이다. 그러나 우리의 사업은 정직으
로서만 발전시킬 수 있다. 그러므로 개회 축하식에 대
하여 외람되게 한 가지 비평을 하려 한다.

이 위원회의 활동에 최대의 방해가 되는 것은 본회가
정치성을 띠지 않는 것을 신뢰할 수 있는가에 대한 그
신뢰의 결핍이라는 것을, 나는 일상 경험하고 있다. 이
러한 신뢰를 증진시키기 위해서는 모든 노력을 다할 것
이요, 이 신뢰를 감퇴시키는 길은 중지되어야 한다. 프
랑스 정부가 국가예산으로 파리에 이 위원회의 항구적
기관으로 학회를 설립하고 프랑스인을 회장에 임명한다
면 제삼자가 볼 때는 본회에서는 프랑스의 영향이 지배
적이라고 생각하게 될 것이다. 이런 인상은 지금까지의
회장이 모두 프랑스인이었으므로 한층 더 강화된다. 문
제의 인물이 모든 사람, 모든 나라의 존경과 동경을 받
고 있는 사람일지라도 그 인상은 여전하다. '나는 이를
말하여 나의 양심을 위로하였노라.(Dixi et salui am
inam mean)'나는 새 학회가 위원회와의 항구적 교호
작용하에 공통된 목적을 추구하고, 정신 노동자의 신뢰
와 칭찬을 획득하기를 충심으로 희망한다.

# 고별의 말

=독일 국제연맹 서기(書記)에게=

두풀 페롱스 씨여!

나는 귀하의 편지에 답변하지 않을 수 없습니다. 만일 변명하지 않으면, 귀하는 나의 의견을 오해할 우려가 있습니다. 주네브에 다시 가지 않겠다는 나의 결심은 유감되나마, 나의 경험에 의하면 귀위원회는 국제 관계의 건전화에 본질적 진보를 가져오려는 아무런 엄숙한 의지도 구현되고 있지 않다는 사실에 기인한 것입니다. 나는 귀회가 그보다도 허식을 원칙으로 하고 있음을 알았습니다. 지성적 협력위원회는 내가 보는 바로는 국제연맹 전체보다도 못한 것 같습니다. 또 나는 방금 국가보다 우위를 차지하는 국제 중재재판소와 국제 조정위원회의 설립에 힘쓰려 하며, 이에 열중하고 있으므로 마땅히 귀회를 떠나야 할 줄 믿습니다.

귀회(貴會)는 각국에 하나씩 국가위원회를 만들어서 그 나라의 문화인과 귀회와의 유일의 다리로 삼았는데 이는 각국의 문화적 소수자를 압박하는 일밖에 안 됩니다. 이리하여 귀회는 문화적 압박에 대항하여 소수자에 도덕적 지지를 주는 기능을 고의로 포기하였습니다.

그뿐만 아니라 귀회는 각국의 교육이 편협한 애국주의적·국가주의적 경향에 반대하는 투쟁에 있어서 대단히 미온적인 태도를 보였으므로, 이러한 중요한 기본적 문제의 분야에 있어서의 엄숙한 노력을 귀회에 기대할 수는 없게 되었습니다.

귀회는 국제질서의 확보를 위하여, 병역제도의 반대를 위하여, 긴급한 문제를 제기한 개인이나 단체에 한번도 도덕적 지원을 보내 주지 아니하였습니다.

귀회는 귀회의 정신과 상반되는 견해를 가진 사람이 입회하려 할 때, 사실은 알면서도 입회를 거절하지 아니하였습니다. 이만하면 나의 결심을 충분히 이해하셨을 터이므로 이 이상 더 길게 말하지 않겠습니다. 나는 고소(苦笑)를 하려는 것이 아니라 다만 나의 태도를 설명하였을 뿐입니다. 만일 나에게 조금이라도 희망이 있었더라면 달리 행동하였을 것입니다. 귀하는 이 점을 믿어도 좋습니다.

# 군비축소 문제

군비축소 계획의 실현을 곤란케 한 것은 이 문제 전체의 최대의 난점을 고려하지 않은 까닭이다. 세상 일은 대개는 일보 일보 나아가서 목적을 달성할 수 있다. 민주주의에 의한 절대적 군주전제로부터의 해방은 이 실례의 하나이다. 그러나 한 걸음씩 나아가서는 목적을 달성하지 못하는 예도 있다.

전쟁 재발의 위험이 전혀 제거되지 않는 한, 각국은 다음 전쟁에 승리를 얻기 위하여 가능한 한 군사력을 증진시키려고 할 것이다. 호전적 전통 아래서 청년을 교육하여 편협한 국가의식을 호전적 기풍과 아울러 육성함도 전시에는 국민의 이러한 정신이 이용되는 한, 어쩔 수 없는 일이다. 군비란 평화를 위한 것이 아니라, 전쟁을 긍정하고 준비하는 것이다. 그러므로 조금씩 군비를 축소시킨다는 것은 소용 없는 말이다. 일시에 군비를 전폐하지 않으면 전혀 군비축소는 실시되지 못할 것이다.

국민생활의 이러한 심각한 변화의 실현은 강력한 도덕적 노력을 전제로 한다. 투쟁 발생시에 조국의 운명을 무조건으로 국제 중재재판소의 결정에 맡기는 것이, 진실로 전쟁을 방지할 결심을 하고 있는 것이라고는 볼 수 없다. 군비(軍備)전폐냐, 무전폐냐의 양단간의 하나가 있을 뿐이다. 지금까지의 평화 확보를 위한 모든 노력이 수포로 돌아간 것은 철저치 못한 타협에 기인함을 부정할 수 없는 일이다.

군비축소와 안전보장은 분리하여 달성될 수는 없다. 여러 나라가 국제적 결정을 이행할 의무를 엄수할 때에는 안전이 보장된다. 그러므로 우리는 현재 기로에 서 있다. 우리가 평화의 길을 찾느냐, 예전과 같은 문명에 어그러지는 잔인한 폭력에의 길을 걷느냐의 결정은 우리 자신에 달려 있다. 한편에서는 개인의 자유와 사회의 안전이 미소를 보내고, 또 다른 한편에서는 개인의 노예화와 문명의 파멸이 위협하고 있다. 우리들이 어떤 길을 걷느냐에 따라서 우리의 운명이 결정될 것이다.

# 1932년의 군비축소 회의

## 1

정치적 신념의 고백부터 시작하여도 좋을까. 그것은 이렇다. '인민을 위하여 국가가 있지, 국가를 위하여 인민이 있는 것은 아니다. 그와 똑같이 인민을 위하여 과학이 있는 것이지 과학을 위하여 인민이 있는 것은 아니다.' 이는 이미 오랜 옛날에 인류 최고의 가치를 인격에 둔 사람들이 만든 공식이다. 이 말이 전혀 잊혀지지 않는 한, 특히 조직이 발달하고 만사를 판에 박듯 일률적으로 하는 현대에 있어서는 이 말을 반복함을 삼가야 할지도 모른다. 국가의 가장 중요한 임무는 개인을 보호하고, 개인에게 창조적 인격을 발전시키는 가능성을 주는 데 있다고 생각한다.

그러므로 국가가 인민을 위한 봉사자가 되어야지, 인민이 국가의 노예가 되어서는 안 된다. 국가가 국민에게 병역의무와 전시복역을 폭력으로 강요할 때, 특히 이 노예적 복무와 목적과 작용이, 다른 국민의 파괴와 그들의 발전의 자유를 침해함에 있을 때, 국가는 자신의 임무를 배반하고 있는 것이다. 인민은 인간의 발전에 기여하기 위한 회생만을 국가에 제공하여야 한다.
이 명제는 모든 미국 사람들에게는 자명한 일일지 모르
나 유럽인에게는 그렇지 않다. 그러므로 우리는 미국인
이 반전투쟁(反戰鬪爭)을 강력히 지지하여 주기를 바
란다.

이제 군비축소 회의를 말하기로 하자. 이 일을 말할
때 우리는 웃어야 할 것인가, 울어야 할 것인가, 또는
희망을 가져야 할 것인가.

걸핏하면 싸움을 걸기 좋아하는, 부정직한 시민들이
살고 있는 도시를 상상해 보자. 이런 곳에서는 끊임없
는 생명의 위험이 큰 장애가 되어 건전한 발전이 불가
능할 것이다. 시장은 이 가증한 사정을 제거하려고 하
지만 시정(市政)의 대의원과 시민은 모두 허리에 칼을
차지 못하게 함을 반대하는 것이다. 시장은 다년간 준
비공작을 한 후에 칼 휴대 문제에 관해서 다음과 같은
의제(議題)를 제출한다. 즉 시민이 산보할 때 가지고
다녀도 좋은 비수의 길이와 예리도는 어느 정도로 제한
할 것인가, 비수로 부상을 입힌 교활한 시민을 법률재
판이나 경찰에 의해 단호히 처단하지 않는 한, 이런 제
안은 아무 소용도 없을 것이다. 비수의 길이와 예리도
의 제한은 다만 싸움패와 힘센 놈만 좋게 하고, 약자를
강자의 수중에 던져 줄 뿐이다. 독자는 누구나 이 비유

를 이해할 것이다. 물론 국제연맹과 중재재판소가 있기는 하다. 그러나 국제연맹은 집회소에 불과하고, 중재재판소는 그 결정을 이행할 수단이 없다. 한 나라가 공격을 받을 때 이러한 기구는 그 국가의 안전을 보장할 수 없다. 이 점을 명기하면 현재 일반적으로 많은 비난을 받고 있지만 안전보장 없는 군비축소를 거부한 프랑스의 처지를 좀더 너그럽게 판단할 수 있을 것이다.

중재재판소의 결정을 공연히 혹은 은밀히 범하는 국가에 대하여 영국이 공동전선을 결정함으로, 각국의 주권을 제한하지 못하는 한, 전면적 무정부상태와 위협에서 탈각할 수 없다. 무제한한 주권과 공격받지 않는 안전은 아무리 요술을 부려 보아도 양립되지 않는다. 각국으로 하여금 여러 나라가 공인(公認)한 국제중재재판소의 결정을 준수케 함에는 또 한 번 참재를 겪어야 할 것인가, 상술한 바에 의하여 가까운 장래에 이 상태가 개선되리라고는 기대할 수 없다. 그러나 문화와 정의를 애호하는 모든 사람은 인류가 각국의 국제적 단합의 필요성을 확신하도록 최선을 다하여야 한다.

상술한 의견은 기구적인 것을 과대평가하고 심리적, 특히 도덕적 요소를 무시하는 것이라는 반대 의견도 어느 정도 이유 있는 일이기는 하다. 그들은 군비를 축소하기 전에 정신적인 무장해제를 하여야 한다고 주장한다. 국제질서의 최대 장애는 극단으로 고조(高調)된 국가주의(애국주의의 탈을 쓰고 있다)라는 주장도 뜻 있는 말이다. 이 우상은 과거 1세기 반에 걸쳐, 각처에서 전적으로 음침하고 해로운 세력을 획득했다. 이 항변에 대하여 정당한 견해를 가지려면 기구적 요소와 심리적 요소는 상호작용하에 서로 영향을 준다는 명백한 사실을 상기해 볼 필요가 있다. 기구가 전통적 감정에 좌우되고, 기구의 발생과 내용의 존속이 전통의 영향을 입고 있는 반면, 현존하는 기구가 강력히 인민의 감정에 작용하는 것이다.

오늘날 세계 각처에서 대단히 앙양되고 있으며 해를 끼치고 있는 국가주의는 나의 의견에 의하면, 병역의무—좋게 말하면 국방의 발생과 밀접한 관계가 있다. 인민에게 병역을 강요하는 국가는 부득이 국민에게 국가주의적 사상을 배양하는데 이는 군사적 사용 가치를 위하여 심리적 기초를 제공하기 위함이다. 국가는 종교와 함께 젊은 학도에게 잔인한 폭력의 효용을 잊지 않게 하여야 한다. 나는 일반 병역의무제의 창설은, 백인종의 도덕적 퇴보가 주된 원인이라고 확신한다. 이는 문화의 존속, 아니 그뿐만 아니라 우리의 생존에까지 영향을 주는 일이다. 위대한 사회적 복리처럼 이 재화는 프랑스 대혁명에서부터 시작되어 짧은 기간에 전 세계를 휩쓸었다.

그러므로 국제주의적 사상을 배양하고, 편협한 국가 지상주의적 애국주의에 반대하여 투쟁하는 사람은 일반 병역의무제와도 투쟁하여야 한다. 도덕적 동기에서 결행한 병역 반대자가 가혹한 박해를 받고 있는 사실은, 과거 세기에 순교자가 박해를 받은 것보다 못하지 않는 오늘날 사회의 치욕이 되고 있다. 인민을 국가의 도구로써 전쟁의 밥이 되게 내던지고서야, 케로그 협정(1928년 체결된 국제분쟁의 해결수단으로 전쟁을 부인하는 2개 조항을 내용으로 한 것)에서 결정한 바와 같이, 과연 전쟁을 인류 사회에서 추방할 수 있을까.

군비축소 회의에 관하여 기구적·기술적 문제에 한정하지 않고, 직접 교육적 동기에서 심리적 요소를 고려한다면, 우리는, 개인이 병역거부를 할 수 있다는 합법적 가능성을 주는 국제적 방책을 강구하도록 노력하여야 한다. 이러한 방책에서 강력한 도덕적 작용이 발생함은 의심할 여지가 없다.

나의 의견을 간단히 요약하고자 한다. 단순한 군비제한 협정으로는 도저히 안전을 보장할 수 없다. 강제적 중재재판소는 평화 파괴자에게 경제적·군사적 제재를 가하는 집행권을 협정 체결한 각국이 보장하는 기초 위에 서 있어야 한다. 불건전한 국가주의의 온상인 국민

개병제를 철폐하도록 투쟁하여야 한다. 특히 병역 거부
자는 국제적 기초 위에 보호를 받아야 한다. 끝으로,
L. 바두어 씨의 저서인 ≪내일도 또 전쟁≫이라는 책
을 소개한다. 이 책은 이상 진술한 여러 문제를, 예리
하고 공평하며 풍부한 심리적 이해를 가지고 고찰하고
있다.

2

과거 백 년 동안에 여러 발명가가 우리에게 남겨 준
선물은, 만일 제도의 발전이 기술의 발달과 보조를 맞
출 수 있었다면 우리의 생활을 근심 없고, 즐거운 생활
로 만들 수 있었을 것이다. 오랜 고심 끝에 현재 우리
손에 쥐어진 기술의 발달은 마치 세 살 먹은 젖먹이가
날카로운 칼을 들고 있는 것과 같다. 놀랄 만한 생산
수단이 가져온 것은 자유가 아니라 불안과 빈곤이었다.
  기술 진보의 가장 악질적인 한 면은 인간생활을 파괴
하고, 노고에 어린 노동의 결과인 생산물을 파괴할 때
엿볼 수 있다. 우리들의 연장자는 이 사실을 대전 중에
뼈에 사무칠 만큼 충분히 체험하였다. 이러한 파괴작용
보다도 전쟁이 야기하는 개인의 노예화는 더한층 무서
운 것같이 나에게는 생각된다. 민중이 가중한 범죄라고
믿고 있는 행동을 사회가 강요한다는 것은 무서운 일이

아닌가. 이에 반항할 만한 도덕적 위대성을 보유한 사
람은 극소수에 불과했다. 내가 보는 바로는 이들이야말
로 세계대전의 진정한 영웅이다.

인류의 희망은 아직 남아 있다. 오늘날 각 국민의 책
임 있는 지도자는 대체로 전쟁을 거절하려는 훌륭한 의
사를 가지고 있는 것같이 보인다. 무조건 필요한 진보
에 반항하고 있음은 각 국민의 불행한 전통이다. 이런
전통은 교육제도를 통하여 전염병처럼 한 세대에서 다
음 세대로 전하여진다. 그러나 이 전통을 유지하는 중
요한 요소는 군사교육과 그것에 대한 찬미이며, 중공업
과 군부의 지배를 받고 있는 언론기관도 이만 못지 않
게 그런 요소를 가지고 있다. 요컨대 군비철폐 없이 항
구적 평화는 있을 수 없다. 이와 반대로, 현재와 같은
대규모의 군비의 축적이 새로운 파국을 가져올 것은 틀
림없는 일이다. 그러므로 1932년의 군비축소 회의는
오늘의 세대와 다음 세대의 운명을 결정적으로 좌우한
다. 지금까지의 여러 회의의 성과가 전체적으로 보아서
보잘것없는 정도임을 상기하라. 그러면 통찰력 있고,
책임감 있는 모든 인사들은 대중의 여론을 1932년의
군비축소 회의의 중대성에 반영되도록 전력을 다하여야
함이 명백해진다. 정치가가 국민의 결정을, 많은 평화
적인 의지의 지지를 배후에 가지고 있을 때에만, 그들

의 중대한 목적을 달성할 수 있다. 이러한 여론을 형성하는 데 모든 사람들은 적극적으로 협력해야 한다.

만일 대표자들이, 미리 준비한 훈시를 가지고 회의에 참석한다면 회의의 실패는 확실하다. 이런 훈시의 실시는 정말 권위 문제가 된다. 이 점은 점점 인식되어 가는 것 같다. 최근 유행하는 2개국씩의 정치가의 회합은 군비축소 문제의 회담을 통하여 대회의 기초를 준비하고 있는 것이다. 이것은 반가운 일이다.

그 이유는 두 사람 혹은 두 그룹 간의 회담에서는 제삼자가 들을 때를 고려할 필요가 없으므로, 이성적으로 정직하고, 냉정하게 일을 처리할 수 있는 까닭이다. 회의가 이와 같이 거리낌없이 준비될 때에만, 이리하여 불의의 사태의 발생이 제거될 때에만, 고상하고 선량한 의지로 의회의 분위기가 만들어질 때에만 우리는 행복한 성공을 기대할 수 있다.

이와 같은 중대한 사건의 성과는, 기지(機智)나 교활한 술책의 문제가 아니라, 정직과 신뢰의 문제이다. 다행히도 도덕적인 것은 이성으로 대치(代置)할 수 없다고 말하여도 좋을 것이다.

현대인은 기다렸다. 비판만 할 것이 아니라. 이 일이 성공하도록 전력을 다하여야 한다. 한 사회의 운명은 그 사회의 힘 여하에 달려 있는 것이다.

# 미국과 1932년의 군비축소 회의

현대의 미국인은 자기 나라의 경제 상태가 가져오는 문제에 관심이 집중되고 있다. 책임 있는 지도자들의 노력은, 자기 나라의 심각한 실업(失業) 문제의 해결에 집중되어 있다. 나머지 세계, 특히 유럽의 모국의 운명과 관계를 지으려는 감정은 평상시보다도 더욱 적다.

그러나 자유경제는 이러한 여러 곤란한 조건들을 자동적으로 극복하지는 못한다. 노동과 일용필수품의 건전한 분배를 위하여는 사회면으로부터의 통제경제 정책이 필요하다. 이것 없이는 세계에서 가장 부유한 나라의 국민일지라도, 질식해 죽고 말 것이다. 전 인구의 수요량을 생산하는 데 필요한 노동량은 기술면의 개량으로 감소하였으므로, 자유경제 활동에만 맡겨 모든 사람에게 유익한 결과를 가져오려면 의식적·조직적 조절이 절대로 필요하다. 계획적 조절 없이 질서 있는 경제가 있을 수 없다면, 국제정치 문제에 있어서는 이러한 계획적 조정이 얼마나 더 필요할 것인가?

전쟁이라는 폭력행위가 국제 문제의 해결에 이롭고, 인류의 명예에 합당하다는 견해를 가지고 있는 사람은

현재 소수에 지나지 않는다. 그러나 이 야만적이고, 더
러운 야만시대의 잔재인 전쟁을 방지할 수 있는 방책을
정력적으로 주장하고, 그 관철을 위해 노력하는 사람들
도 충분히 논리정연하지는 못하다. 이 점을 명백하게
인식하려면 약간의 반성이 필요하고, 이 큰 목적의 달
성에 결정적이고 효과적인 공헌을 하려면 커다란 용기
가 요청된다.

진실로 전쟁의 폐지를 바라는 사람은, 국제기구를 위
하여는 자기 나라의 주권의 일부를 희생하기에 인색하
지 않을 결심을 가져야 한다. 분쟁 발생시에는 국제 재
판소의 중재에 자국(自國)을 복종시킬 준비가 있어야
한다. 불운한 베르사유 조약에서 고려된 바와 같이, 모
든 국가는 군비를 철폐하여야 한다는 단호한 결심이 필
요하다. 군사교육과 침략적 애국주의 교육의 제거 없이
인류의 진보는 바랄 수 없다.

과거 수년 동안의 사건 중에서 군축회의의 실패는,
현대의 지도적 문명국가의 가장 큰 치욕이다. 이 실패
의 원인은 야심적이고 양심 없는 정치가의 모략 때문일
뿐만 아니라, 각 국민의 무관심과 무기력에도 그 원인
이 있기 때문이다. 만일 이 점이 변경되지 않으면 선인
(先人)의 가치 있고 높은 업적은 파괴되고 말 것이다.

미국인은 이 문제에 있어서 자기에게 부과된 책임을

충분히 의식하고 있지 않은 것 같다. 미국인은 다음과 같이 말할지도 모른다. 유럽인의 호전적 기질과 사악으로 말미암아 유럽이 타락하려 하고 있어도 좋다. 우리 윌슨(미국 제28대 대통령. 국제연맹의 주창자. 그러나 미국은 당시 국제연맹에 참가하지 아니하였다)의 좋은 씨앗은 유럽이란 불모지에서는 잘 자라지 않는다. 우리는 강대하고 안전하므로 외국의 분쟁에 쉽게 휩쓸려 들어가지 않을 것이다.

그러나 이따위 고상하지도 않고, 선견지명이 될 수도 없는 생각 때문에 미국이 유럽의 재난에 무책임할 이유는 될 수 없을 것이다.

미국은 자기 요구를 반성 없이 이행하여 유럽의 경제적 혹은 도덕적 붕괴를 촉진하고 있다. 이리하여 미국은 유럽을 발칸화하였다. 그러므로 미국은 정치·도덕의 퇴폐와 절망으로 인하여 야기된 복수심의 육성에 일부의 책임을 져야 한다. 이 복수 정신은 미국의 문 앞에서 정지되지 않을 것이다. 아니 그보다도 나는 다음과 같이 말하고자 한다.

"이 정신은 미국의 문 앞에서도 멈추지 않고, 마침내 미국에 침입하였다. 제군의 주위와 앞을 살펴보자!"

누누이 말할 필요도 없다. 군비축소 회의는 우리에게뿐만 아니라 미국인에게도 문명인이 산출한 최선의 진을 유지하는 최후의 기회를 의미한다. 가장 강력하고, 비교적 진지한 당신들에게 희망의 눈길이 향하여져 있는 것이다.

## 적극적 평화주의

　나는 프란너스가 계획한 위대한 '평화선언'을 직접 본
것을 행복으로 생각한다. 나는 이 사업에 참가한 모든
사람에게 선량한 마음의 소유자, 미래를 걱정하는 사람
의 이름으로 다음과 같이 부르짖을 의무를 느낀다. "소
생된 양심과 각성이 지금에 와선 우리를 여러분과 가장
밀접히 결속시키고 있음을 느끼게 해 준다."라고. 현재
의 절망적 사태의 개선은 심각한 투쟁 없이는 불가능하
다는 것을 망각해서는 안 된다. 급진적인 제국적 수단
을 쓸 결심을 한 사람은 얼마 안 되고, 결심이 없는
자, 타락한 자는 많은 까닭이다. 그리고 전쟁기구의 보
존에 흥미를 가지고 있는 자가 많다. 그들은 인민의 의
사를 생활의 적이 되는 목적으로 향하게 하기에 수단을
가리지 않을 것이다.

　각국을 지배하고 있는 정치가들은 현재, 항구적인 평
화를 확보하기 위해 정말 노력하고 있는 것처럼 보이려
한다. 그러나 그들이 전쟁준비에 광분하고 있는 적대
세력에 대항치 못하는 것은 끊임없는 군비확충을 생각
하면 의심할 수 없는 명백한 사실이라는 것을 알 수 있

다. 나는 이를 구출하는 길은 다만 민중 자신의 속에서만 우러날 것이라고 확신한다. 만일 각 국민이 병역의 노예 상태를 피하려면 완전한 군비철폐를 할 결심을 가져야 한다. 군대가 존재하는 한, 해결하기 곤란한 모든 분쟁은 전쟁을 유발시킬 것이다. 철폐를 위하여 적극적으로 투쟁하지 않는 평화주의자는 현재나 장래나 무력할 것이다. 각 국민의 양심과 상식이 발달하여, 전쟁이란 우리 선조가 만든 이해할 수 없는 망상이었다고 생각하는 국민생활의 새로운 단계가 초래되기를 바란다.

# 여자와 전쟁

나의 의견으로는, 다음 전쟁에는 남자 대신 애국적인 여자를 전선에 내보내야 하겠다. 이것은 이 무한한 혼란의 절망적 영역에선 어쨌든 하나의 새로운 현상이 될 것이다. 그리고 여성의 영웅심이 무방비 시민을 공격하는 이상으로 출전에 의해 찬란하게 장식되어서는 안 될 이유가 어디 있는가.

# 문화와 번영

심각한 정치적 파국이 인류의 문화발전에 끼친 해독을 측정해 본다면 고도로 발달한 문화는 복잡한 조건에 의존하는 일종의 섬세한 식물이고, 각 시대에 있어서 약간의 특정된 지구에서만 번영할 수 있다는 사실을 기억하여야 한다. 과거엔, 문화의 발전에는 그 지방 주민의 일부가 생명의 유지에 직접 필요하지 않은 일에 종사할 수 있는 어느 정도의 여유가 필요하였다. 이 밖에도 문화재와 문화활동을 존중하는 도덕적 전통이 있어서, 직접 인간의 생존에 필요한 사업에 종사하고 있는 사람들이, 문화인의 생활을 보장함이 필요했다.

독일은 과거 백 년 동안 이 두 조건을 만족시키고 있는 국가 중의 하나였다. 이 번영의 정도는 전체로 보아 중위(中位)였지만 충분하였다. 문화재를 존중하는 전통은 강력하였고, 이 기초 위에 독일인은 근대문명에서 중요한 위치를 점유하는 문화적 가치를 창조하였다. 이 전통은 전체적으로 보존되어 있으나 사회의 번영은 충격을 받고 있다. 이 나라의 공업계는 원료생산지의 대부분을 상실하였다. 산업에 종사하고 있는 사람들은 의

지할 기반을 잃었다. 이리하여 정신적 가치의 유지를 위하여 종사하고 있는 사람들을 부양할 여유는 급격히 감소되었다. 이러한 생활조건 밑에서는 전통도 깨어지고 풍요한 문화의 온상도 황폐할 수밖에 없다.

인류는 정신재(精神財)를 높이 평가하는 한, 이러한 피폐를 방지하는 데 관심을 가지고 있다. 인류는 힘이 자라는 대로 당면한 곤란을 제거하고, 국가주의적 이기주의 때문에 망각되었던 고상한 협동정신을 환기할 것이다. 이 협동정신은 정치와 국경을 초월하여 인간적 가치에 긴요한 것이다. 이리하여 인류는 각 민족에게 생존할 수 있고, 문화적 가치를 창조할 수 있는 노동조건을 부여하였다.

# 생산과 구매력

나는 현재의 곤경을 타개하는 수단이 생산력과 소비
문제에 있다고 생각하지 않는다.

이러한 지식은 일반적으로 훨씬 후에 이르러서 비로
소 얻을 수 있는 까닭이다. 그뿐만 아니라 나의 생각으
로는, 독일에서의 재난의 원인은 생산기구의 비대에 있
는 것이 아니라, 생산의 합리화로 인하여 실직한 인구
의 대부분이 구매력을 잃은 데 있는 것이다. 나의 견해
에 의하면, 금본위제(金本位制)에 있어서 금화 중의 금
성분(金成分)의 부족은 자동적으로 화폐신용과 유통법
화(流通法貨)의 부족을 초래하나, 물가나 임금은 급속
히 이에 적응치 못하는 중대한 결점이 있다는 것이다.
재화(災禍)를 제거하는 자연적 수단에 대한 나의 의견
은 다음과 같다.

1. 직업별로 단계를 두고 노동시간을 법률로 단축하
   여 실업을 없애고, 이와 연결하여 최저임금을 결정
   해서 이용할 수 있는 상품생산에 적응하도록 대중
   의 구매력을 조절할 것.

2. 특별 보호정책을 폐지하고, 물가를 고정시켜 금
   화량과 신용을 조절할 것.
3. 독점 또는 카르텔로 인하여 실질상 자유경쟁을
   벗어난 상품가격의 법적 제한.

## 생산과 노동

=세더스트림 씨에게 답함=

친애하는 세더스트림 씨!

대단히 흥미 있는 귀하의 제안에 감사합니다. 나 자신도 이 문제를 여러 가지로 생각하여 본 일이 있으므로, 나의 의견을 솔직히 말씀드리는 것이 마땅한 일인 줄 압니다.

화근(禍根)은 노동시장의 무제한에 가까운 자유와 생산방법의 비상한 진보에 있습니다. 오늘날 생활필수품을 생산함에는, 우리가 이용할 수 있는 전 노동력을 사용할 필요가 없게 된 지 이미 오랩니다. 이로부터 실업과 사용자 사이의 불건전한 분쟁이 발생하고, 나아가 이 두 원인으로 인하여 구매력이 감소되며 따라서 전 경제계의 참을 수 없는 불경기가 일어납니다. 자유경제론자들이 수요의 증가는 노동력의 절약과 상쇄된다고 주장함을 알고 있습니다. 그러나 첫째로 나는 이를 믿지 않습니다. 그들의 주장이 설사 옳다 하더라도, 상술상(商術上)의 요소는 언제나 대부분의 인간의 생활 정

도를 아주 부자연하게 저락(著落)시키는 결과를 가져
올 것입니다. 생산과정에 청년을 참여시키도록 무조건
진력하여야 한다는 점에는 나도 귀하와 동감입니다. 또
노동—적당치는 않으나 노동이라고 불러 둡시다—에서
도 연장자를 배제할 필요가 있습니다. 그러나 사회가
생산적이라고 인정하는 노동에 충분히 장시간 종사한
보상으로 수입을 얻어야 합니다.

　대도시를 없애는 데는 찬성입니다. 그러나 특수한 종
류의 인간—예컨대 노인—을 각각 특별한 도시에 거주
시킨다는 데는 반대입니다. 이것은 생각만 해도 끔찍한
일입니다. 나는 또한 금 가치의 변동은 금화의 순수도
를 표준으로 하는 대신에 사용 가치에 의하여 확정된
상품 가치를 표준으로 함으로써—나의 기억에 잘못이
없다면 케인즈(영국의 경제학자)가 오래 전에 주장한
바와 같이—그 변동을 피해야 된다고 생각합니다. 이렇
게 하면 국가가 통화팽창으로 인하여 생긴 돈을 진실로
합리적으로 사용한다고 믿을 수 있는 한, 오늘날 금 가
치에 대하여 어느 정도의 인플레를 인정할 수 있을 것
입니다.

　내가 보는 바로는 귀하의 제안의 약점은 합리적인 것
을 무시한 데 있는 것 같았습니다. 자본주의가 생산의
진보뿐만 아니라, 지식의 진보를 가져온 것은 우연한

일이 아닙니다. 이기심과 경쟁은—슬픈 일이나—협동심
과 의무감보다 강한 것입니다. 소련에서는, 인민은 한
조각의 빵도 제대로 얻지 못한다고 합니다……. 아마도
나는 국가나 기타 사회가 하는 일에 관하여는 너무나
비관적인 것 같습니다. 그러나 나는 그들로부터 좋은
결과를 기대하지 못합니다. 관료정치는 모든 사업의 사
멸(死滅)을 의미합니다. 나는 비교적 타국의 모범이 될
만한 스위스에서도 경고해야 할 너무나 많은 점들을 목
격하였습니다. 국가는 생산과정에 있어서 제안자·조절
자로서만 사실상 필요하다는 의견에 나는 기울어지고
있습니다. 국가는 노동력을 건전한 한도 내로 제한하
고, 모든 소년이 견실하게 발전할 기회를 확보하고, 노
동임금은 생산상품을 살 수 있을 만큼 고가(高價)로 하
는데, 전력하여야 합니다. 독립된 전문가가 객관적 관
점에서 방책을 수립할 때에는, 국가는 그 조절기능을
통하여 결정적 작용을 할 수 있습니다. 이 점에 있어서
도 귀하의 의견은 정당합니다. 더 자세히 쓰고 싶지만
이 이상 시간이 허락하지 않습니다.

# 소수자에 관해서

소수자가 다수자 사이에 끼어서 살고 있을 때는—특히 이 구별이 실체적 특징에 의하여 결정될 때에는, 전자는 후자로부터 무가치한 계급으로 간주되는 것이 일반적 사실인 것 같다. 그러나 이러한 운명의 비극은, 소수자의 나면서부터 타고난 경제적·사회적 현실일 뿐만 아니라, 이러한 대우에 경악한 소수자가 다수자의 암시적 영향으로 편견적 가치판단을 내리게 되어 자기 동료를 실제로 무가치한 자로 인정하는 데 있다. 후자는—재난의 대부분은 이에 있다—밀접한 결합과 목적의식의 계몽에 의해서만 제거되며 소수자의 정신적 해방도 그것에 의하여 달성될 것이다.

# 현대 유럽 정세에 대한 전망

오늘의 세계, 특히 유럽의 정치정세의 특징은 정치적 발전이 물질적으로나 정신적으로나 비교적 단기간에 변화한 경제적 필연성에 따르고 있는 점에 있다고 생각된다. 개개의 국가의 이해는 더 큰 사회에 종속되어야 한다. 이러한 정치사상은 수백 년의 전통이 이에 반대하고 있으므로 용이하게 승리를 얻을 수 없다. 그러나 이 결과 여하에 유럽의 생존능력이 달려 있다. 심리적 장해를 극복한 후엔, 실제 문제의 해결이 그다지 어렵지 않으리라는 것은 나의 확고한 신념이기도 하다. 옳은 분위기를 만들어 내기 위하여는 무엇보다도 동지간의 인격적 결합이 필요하다. 단결한 동지들이 각 국민간에 신뢰의 다리를 놓기에 성공하기를……

# 우리의 유산

선조들은, 정신적·문화적 진보는 더욱 안락하고 아름다운 인생을 보내기 위한 선조의 노력에 의한 상속물에 지나지 않는다고 믿을 수 있었다. 그러나 현대의 곤란성은 이것이 숙명적인 착각이었음을 가르쳐 주고 있다.

인류의 이 유산이 저주가 아니라 축복이 되려면, 최대의 노력을 경주하여야 한다는 것을 우리는 알고 있다. 이전의 사람은 어느 정도 개인적 이기주의를 극복하면 사회적으로 가치 있는 사람이 될 수 있었지만, 오늘날에는 국민적·계급적 이기주의의 극복까지도 요청된다. 이 경지에 이르러야만 비로소 인간 사회의 운명을 개선할 책무를 감당할 수 있는 까닭이다. 이 가장 중요한 시대의 요구에 관하여 외국의 국민은 열강국의 국민보다 유리한 입장에 있다. 후자는 정치적으로나 경제적으로나 곤란한 세력확장의 유혹을 더 많이 받고 있는 까닭이다. 최근 유럽 발전에 유일한 광명을 던진 네덜란드와 벨기에의 협조는, 각국의 무제한적 자유인 자기 규제를 버리고 군국주의라는 치욕적 병통으로부터

해방되려는 노력에 있어서 소국이 지도적 역할을 할 수
있다는 희망을 갖게 하였다.

# Ⅲ 나치스에 대한 투쟁

# 고 백

나는 가능한 한 법률 앞에 전 시민의 정치적 자유·
관용·평등이 보장되어 있는 나라에 살고 싶다.

정치적 자유란 언론과 출판을 통한 정치적 신념의 발
표에 대한 자유를 포함하고, 관용은 개인의 의견을 존
중함을 의미한다.

이러한 조건은 현재 독일에서는 만족되지 않는다. 독
일에서는 국제적 이해를 육성하기에 진력한 사람은 박
해를 받는다. 이 중에는 약간의 위대한 예술가도 포함
되어 있다. 곤경에 빠졌을 때는 개인과 같이 모든 사회
조직도 병적이 될 수 있다. 국가는 이러한 질병을 초극
함이 상례인 듯하다.

나는 독일에서 곧 건전한 사태가 회복되고, 장래에는
칸트나 괴테 같은 위인을 매해마다 기념만 하지 말고,
그들이 남긴 원리가 공중생활과 일반 의식에 살아 있기
를 바란다.

1933년 3월

## 프러시아 과학 아카데미와의 서신교환


□ 1933년 4월 1일 아카데미의 성명


프러시아 과학 아카데미는 알버트 아인슈타인이 프랑스와 미국에서 진행되는 흉행의 사주(使嗾)에 참가하고 있다는 신문 보도에 접하여 분격을 금치 못하고 있다. 아카데미는 즉시 그에게 해명을 요청하였다. 그러던 중에 아인슈타인은 현 정부 밑에서는 프러시아국에 충성을 다할 수 없다는 이유로 아카데미에서 탈퇴할 것을 성명하였다.

그는 스위스 시민이므로 1913년에 아카데미의 정규 회원이 됨으로써 간단히 얻은 프러시아 국적을 포기할 의향인 것 같다. 프러시아 아카데미는 아인슈타인의 외국에서의 선동행위를 중대시하고 있다.

아카데미와 그 회원은, 국가와 밀접한 관계가 있다고 생각하고 있으며 정치 문제에는 엄격한 불간섭 태도를 보지하고 있지만, 항상 국가관념을 강조하고 지켜 왔으므로 더욱 그의 행위를 중시하는 바이다. 그러므로 아카데미는 아인슈타인의 탈퇴를 유감으로 생각할 아무런 이유도 없다.

프러시아 과학 아카데미를 대표하여<br>상임서기. 교수 에론스트 하이만

## □ A·아인슈타인의 프러시아 과학 아카데미에의 회답

나는 전적으로 신빙할 만한 소식통으로부터 아카데미가 공식성명을 통해서 '미국과 프랑스에서의 아인슈타인의 흉행 사주 참가'에 언급하였다는 정보에 접했다. 나는 이러한 흉행의 사주에 참여한 일이 없음을 성명한다. 그뿐 아니라 어떤 곳에서도 이러한 행위를 본 일이 없음을 말해 두는 바이다. 우리는 총체적으로 보아서 책임 있는 독일 정부관리의 선언 및 독일계 유태인을 경제적으로 파멸시키려는 계획을 번역하고, 비평함으로써 만족하고 있다. 내가 신문에 제공한 성명은 아카데미에서의 지위 및 프러시아 시민권의 포기에 관련되어 있다. 이러한 행동의 이유는, 나는 전 시민이 법률 앞에 평등한 권리와 언론의 자유와 학문의 자유를 향유하고 있지 못한 국가에는 살기를 바라지 않는 까닭이다. 나는 또한 오늘날 독일의 상태를 대중의 정신적 병중 상태라고 선언하고 그 원인에 약간 언급하였다. 나는 위협을 받고 있는 문명에 끝까지 충실하고, 독일

에서 무섭게 전파되고 있는 대중의 정신병이 이 이상 더 만연하지 못하게 하기를 교양 있는 모든 인사에게 요청하였는데, 이 문제는 반세미티즘〔반(反)유태주의〕과 투쟁하기를 국제연맹에 권고하기 위함이지, 신문에 제공하려고 작성한 것은 아니다. 아카데미가 성명을 하기 전에 내가 발표한 정확한 내용을 탐지함은 용이한 일이었을 것이다. 독일의 각 신문은 나의 발표를 고의로 왜곡 발표하였다. 현재와 같은 언론탄압 하의 독일 신문에는, 이 이상 기대할 수 없을 것이다.

나는 내가 발표한 성명에는 책임을 지겠다. 그러나 일면 귀(貴)아카데미는 특히 대중 앞에서 나를 비방하는 데 협력하였다. 이 성명을 회원 제씨와 독일 민중에게 공포하기를 기대한다. 귀 아카데미의 성명은 나를 중상한 것이다.

1933년 4월 5일
르 콕 바이 오스탕드에서

□ 프러시아 아카데미의 두 통의 서한

## 1

근  계

본인은 프러시아 아카데미의 현 서기장으로서, 아카

데미 탈퇴를 성명한 귀하의 3월 28일자 서한을 수리하였습니다.

1933년 3월 30일의 총회에서 아카데미는 귀하의 탈퇴를 확인하였습니다. 아카데미는 이러한 사태의 진전을 가장 비통하게 생각하고 있습니다. 물론 아카데미는 과학계의 최고 권위인 귀하가—더구나 다년간 독일인과 같이 연구한 본회의 회원이었으므로 독일의 정신과 관습에 익숙하여졌음에 틀림없는 귀하가—일부분은 진상에 관한 정확한 지식의 부족에 기인한 것일 줄 믿습니다만—이 시기에 외국에서 허위 보도의 근거 없는 억설을 전파하여 독일인에게 해를 끼치고 있는 단체와 협력하였음을 유감으로 생각합니다. 귀하와 같이 다년간 본회 회원이었던 분은 당연히 정치적 견해의 여하를 불구하고 오늘날의 독일을 위하여 중상의 홍수를 막아 주리라고 기대하였습니다.

외국에서의 현재와 같은 비굴하고도 가소로운 비방에 대해 귀하가 독일을 변호하는 증언은 매우 유력하였었을 것입니다. 그러나 실제로는 이와 반대로 귀하의 증언은 독일인에게—독일의 현 정부에 관해서는 말하지 않겠습니다—적의(敵意)를 품은 사람들에게 이용되었습니다. 이것은 냉혹하고도 비통한 환멸을 일으켰습니다. 그러므로 귀하가 본회를 탈퇴하지 않았더라도 우리들은 이별할 수밖에 없었을 것입니다.

1933년 4월 7일
베를린에서, 폰 피켈

2

과학 아카데미는 이에 1933년 4월 1일의 성명이 독일 신문뿐만 아니라 대체로 외국 특히 프랑스와 벨기에의 신문 보도에 의거한 것임을 지적한다.

아인슈타인 씨는 프랑스와 벨기에 양국지(兩國紙)의 통신에는 반대하지 않았다. 그뿐 아니라 아카데미는 아인슈타인 씨가 반세미티즘을 공격하여 국제연맹에 보낸 장문의 성명을 알고 있다. 그는 이 성명에서 독일이 태고의 야만시대에로 역행하고 있다고 말하였다. 아인슈타인씨도 흉행의 사주에 참가한 일이 없다고 성명하였으나 그는 적어도 혐의와 비방을 방지하기 위하여 아무런 노력도 하지 않은 것은 사실이다. 아카데미의 견해로는 그는 장기간 아카데미 회원이었던 관계로도 마땅히 혐의와 비방을 제지시킬 의무가 있었던 것이다. 그러나 아인슈타인 씨는 더구나 외국에서 일방적 성명을 발표하였다.

독일 현 정부뿐만 아니라 전 독일인에게 적의를 가지고 있는 모든 단체가 이 성명을 세계적으로 고명한 명사의 증언으로 이용하고 오용하였음은 당연한 일이다.

1933년 4월 11일<br>
프러시아 과학 아카데미를 대표하여<br>
상임 서기, H・폰 피켈, E・하이만

□ 아인슈타인의 회답

본인은 금년 4월 7일자 귀회의 서신을 받았습니다. 그리고 그 중에 표명된 정신적 태도에 대해 대단히 슬퍼합니다.

본인은 구체적으로 다음 몇 가지만 말하여 두겠습니다. 본인의 태도에 대한 귀회의 주장은 독일인에 대한 흉행 사주에 참가하였다고 비난한 전번 성명과 근본에 있어서 아무런 차이도 없습니다. 본인은 이미 서한에서 이러한 주장을 중상이라 규정하였습니다.

귀회의, 또한 독일인을 위한 본인의 증언이 외국에서 대단히 유력하였을 것이라고 하는 것과 같은 증언은 본인이 오래 전부터 생명을 걸고 싸워 온 정의와 자유를 부인함을 의미하는 것입니다. 이러한 증언은 귀회가 기대하는 바와 같이 독일 국민에게 유리하지는 못할 것입니다. 그것은 다만 세계 문명사상에서 독일인에 명예로운 지위를 부여한 이념과 원리를 제거하려고 하는 그들에게만 유리할 것입니다. 본인이 현재와 같은 환경 밑

에서 그러한 증언을 하면—비록 간접적일지라도—도덕
의 야만화와 오늘날의 문화적 가치의 파괴에 공헌하는
결과가 될 것입니다.

　바로 이 까닭에 본인은 귀회를 탈퇴할 필요를 느낀
것입니다. 귀회의 금번 서한은 본인의 행동이 정당함을
증명해 줄 따름입니다.

1933년 4월 12일
벨기에 르 콕 쉴멜에서

# 바이에른 과학 아카데미와의 서한

□ 바이에른 과학 아카데미 의장의 서한

근 계

귀하는 프러시아 과학 아카데미에 보낸 서한 중에서 탈퇴의 동기가 독일 현하의 상태에 있다고 지적하였습니다. 수년 전에 귀하를 통신회원으로 추천한 바이에른 과학 아카데미는 또한 독일의 아카데미이며, 프러시아 아카데미 및 기타 아카데미와 밀접한 관계가 있습니다. 그러므로 귀하의 프러시아 아카데미 탈퇴는 본 아카데미와 귀하와의 관계에 영향을 주지 않을 수 없습니다.

이에 본 아카데미는 프러시아 아카데미를 탈퇴한 귀하가 우리와의 관계를 어떻게 생각하는가 질문하는 바입니다.

1933년 4월 8일
뮌헨에서, 바이에른 과학 아카데미 의장

## □ 아인슈타인 박사의 회답

본인이 프러시아 아카데미에서의 지위를 포기한 것은 현재와 같은 환경 밑에서는 독일 시민이 되기도, 프러시아 교육성에 종속하기도 바라지 않는 까닭입니다. 이 이유만으로는 본인의 바이에른 아카데미에 대한 관계에 영향을 미치지 못합니다. 그러나 다음과 같은 이유로 본인은 회원명부에서 제명되기를 희망합니다.

아카데미의 첫째 임무는, 그 나라의 과학생활을 장려하고 보호하는 데 있습니다. 그러나 독일의 학자 사회는—본인이 아는 한—독일의 학자·학생 및 대학교육 관계자 중 적지 않은 사람의 취직의 가능성과 생활수단이 약탈되었음에도 불구하고 침묵을 지켜 왔습니다.(유태계 박해를 말함.)

이러한 태도를 취하는—외부 압력의 탓이라 치더라도—단체에는 소속되기를 바라지 않습니다.

1933년 4월 21일
르 콕 쉴멜에서

# 어떤 시위운동에 참석해 달라는 초청에 부친 회답

본인이 깊이 생각하고 있는 약간의 문제와 관련이 있는 이 대단히 중요한 통지를 모든 면으로부터 심사(深思)하여 보았습니다. 그 결과 본인은 지극히 중요한 이 선언에 개인적으로 참가할 수 없습니다. 그 이유는 다음의 두 가지 때문입니다.

첫째로 본인은 아직 독일 시민입니다.

둘째로 본인은 유태인입니다. 첫째 조건에 관해서는 독일의 학회에서 활동하였고, 또한 독일에서 신뢰할 수 있는 인간으로 대접받은 것을 덧붙여 말씀드립니다.

독일에서 일어나고 있는 불쾌한 사태는 얼마나 통탄할 일입니까? 정부의 묵인하에 범하는 무서운 과오는 얼마나 비난할 일입니까? 그러나 본인은 외국 정부의 관리가 계획하고 있는 일에는 참가할 수 없습니다. 이 점을 완전히 이해하려면 유사한 사정하에 한 프랑스인과 독일의 고명한 정치가와 합작하여 프랑스의 행동을 공격할 때를 상상하여 보시기 바랍니다. 귀하는 그의 행동을—그의 공격하는 바가 전적으로 정당하더라도—한 동포에 대한 배신이라고 볼 것입니다. 드레퓌스 사건(1

894년 프랑스 참모본부에서 생긴 매국 의혹 사건. 유태계 포병 대위 드레퓌스가 육군 기밀을 독일에 매각하였다는 혐의로 종신금고형을 받았으나 진범이 출현하여 석방되었다) 때에 그가 프랑스를 떠나야 했더라도, 그는 독일 관리와 협력하여—객관적으로 아무리 정당하더라도—공격에 참가하지는 않았을 것입니다. 그는 다만 자기 동포한테 부끄럽게 여겨 그만두었을 것입니다.

둘째로 부정과 폭력행위에 대한 항의가 순전히 인도(人道)와 정의감에 의해서 참가한 사람들에 의하여 제출됨은 비교할 수 없을 만큼 효력 있는 일입니다. 본인 역시 유태인이므로 동포인 다른 유태인을 변호함은 적당치 않습니다. 다른 유태인에게 가해진 부정한 행위는 본인 자신이 받는 것과 같습니다. 그러므로 자신에 관계 있는 일은 스스로 판단하지 않고 제삼자의 판단을 기다리려 합니다.

이상의 귀하의 초청을 거절하는 이유입니다. 그러나 이 기회에 프랑스 국민의 전통에서 가장 아름다운 특색인, 정의감의 고도의 발달을 항상 탄복하고 아울러 존경하고 있음을 말하여 둡니다.

㊟ 이 글은 독일의 반(反)세미티즘에 반대하는 프랑스의 성명에 참가해 달라는 초청에 대한 아인슈타인의 회답임.

# IV 유태인 문제

Ⅵ. 우리의 문제

# 유태인의 이상

지식을 위한 지식 획득의 노력, 열광적인 정의애와 개인의 자립정신, 이것이 유태민족의 전통의 주요 내용이며, 그 까닭에 나는 유태인의 한 사람이 된 것을 운명의 호의로서 감사하고, 따라서 오늘날 만연하고 있는 것과 같은 이성과 개인 자유의 이상을 타도하고 폭력수단으로써 얼빠진 노예화를 완성하려는 악덕배들이 우리와 화해할 수 없는 적이라 생각함도 이유 없는 일이 아니다. 역사는 우리에게 가혹한 투쟁을 부과하였다. 그러나 우리가 진리·정의·자유의 헌신적 사도(使徒)인한, 현존하는 최고의 민족으로서 존속할 뿐만 아니라, 지금까지와 같이 생산적 활동에서 가치를 창조하여 인류의 향상에 공헌할 것이다.

# 유태적 세계관은 존재하는가

내가 보는 바로는 철학적 의미에 있어서 유태적 세계
관은 존재하지 않는다. 유태교는 전혀 인생에 있어서의
혹은 인생에 대한 도덕적 견해에 가까운 것이다. 유태교
는 ≪토라≫(모제의 율법서)에 수록되어 있는 또는
≪탈무드≫에 해석되어 있는, 법률의 정신이라기보다는
유태인의 가슴에 살아 있는 인생관(人生觀)이 그 본질
이라 하겠다. 유태적 인생관이 과거에 어떻게 발로되었
는가에 대한 가장 중요한 증거가 ≪토라≫와 ≪탈무드≫
라고 생각한다.

유태적 인생관의 본질은 모든 생물의 생의 긍정인 것
이다. 개인의 생활은 모든 생물의 생활의 미화와 고상
화에 봉사함으로써만 의미가 있다. 생명은 신성하다.
즉 최고의 가치이다. 모든 가치의 표준은 생명에 있다.
초개인 즉 생명의 숭배는 모든 정신적인 것의 존경을
가져왔다. 이것은 유태인의 전통 중 가장 현저한 특색
이다.

유태교는 신앙이 아니다. 유태의 신은 다만 미신의
부정일 뿐이요, ·미신 배제의 상상적 성과이다. 도덕률을

공포 위에 건설하려 함은 가련한 치욕적 시험이다. 그러
나 유태민족의 강렬한 도덕적 전통은 공포로부터 멀리
떨어졌다고 본다. 〈신을 섬기는 것〉이 〈생명을 섬기는
것〉과 동일함도 명백하다. 이를 위하여 탁월한 유태인
은, 특히 선지자와 그리스도는 꾸준히 투쟁한 것이다.

그러므로 유태교는 초월적 종교가 아니다. 유태교는
우리가 체험한 것을 어느 정도 파악할 수 있느냐 하는
문제에만 관계가 있다. 유태인에게 요구되는 것은 신앙
이 아니라, 초인격적 의미에서의 생의 숭배이므로 유태
교가 보충 의미로서 신앙이라고 할 수 있을지 의문이
다. 그러나 많은 시편 구약(舊約)에 훌륭히 계시되어
있는 바와 같이 유태의 전통에는 또 다른 것이 있다.
이는 즉 이 세계의 미와 숭고성에 대한 일종의 황홀한
환희와 감탄이다. 물론 우주의 미와 숭고성에 관하여
우리가 탐구해 낸 바가 미미하기는 하지만, 진정한 탐
구정신은 이 감정으로부터 생긴다. 그러나 새들의 지저
귐에도 표현되어 있다. 여기에는 신의 이념과의 결합이
가장 소박하게 표현되어 있다고 본다.

상술한 바는 유태교에서만 볼 수 있는 독특한 것일
까. 다른 이름으로 다른 곳에도 나타나 있는가. 〈순수
한〉 형태로는 어떤 곳에도 없다. 유태교에도 완전히 순
수하게는 살아 있지 않다. 지나친 문학에 대한 맹신이

순수한 교리를 어둡게 한 까닭이다. 그렇기는 하나 유
태교 속에 가장 생동하고 순수히 살아 있다. 이 점은
특히 생명숭배의 원칙에 있어서 그렇다. 안식일을 지킬
것을 명령한 데는 명확히 동물까지 포함되어 있음은 큰
특색이다. 이만큼 생명의 연대성(連帶性)의 요청이 이
상으로 되어 있던 것이다. 전 인류의 연대성의 요청은
더욱 강조된다. 그러므로 인류의 사회적 요구가 대부분
유태인으로부터 발단된 것은 우연한 일이 아니다.

　유태민족에 있어서 생명신화의 의식이 얼마나 강렬
한가는, 발텔 라태나우가 일찍이 나에게 말한 다음의
문구 중에서 엿볼 수 있다. '유태인이 취미로 사냥을
한다면 그것은 거짓말이다.' 유태 민족 속에 살아 있는
생명 신성시(生命神聖視)의 의식을 이보다 더 간단히
표현할 수는 없을 것이다.

# 기독교와 유태교

만일 선지자시대의 유태교와 예수 그리스도가 가르친 그대로의 기독교에서 후세의 부득이한, 특히 승려의 수식을 제거하면, 인류의 모든 사회 질환을 치료할 수 있는 하나의 교리가 남을 것이다. 자기의 활동권 내에서 순수한 인간성의 이 교리를 힘이 미치는 한 잘 전도하는 일은 선량한 사람의 의무가 될 것이다. 동시에 사람들의 배척과 파괴를 받지 않고 이 사업을 훌륭히 수행할 수 있다면 그 개인이나 사회는 찬양을 받을 만하다.

# 유태인 사회

청중 여러분,

고요히 정관만을 하여 온 나의 생활태도를 극복하는
일은 그리 쉬운 일이 아닙니다. 그러나 O·R·T협회
와 O·Z·E협회(유태인의 자선단체)의 권유를 회피하
여서는 안 됩니다. 이는 즉 심각한 압박을 받고 있는
우리 유태 민족의 호소이므로 나는 이에 복종하려 합니
다. 지상에 산재한 우리 유태 사회의 지위는 곧 정치계
의 도덕적 표준입니다. 역사 깊은 문화전통의 유지를
특색으로 하는 무방비의 소수자인 이 유태 민족에 대한
다른 민족의 태도를 보고 그네들에게 더 명확히 정치
도덕과 정의감의 정도를 표시하는 것이 좋을 것이라고
생각합니다.

이 바로미터는 현재 저 위쪽을 가리키고 있습니다.
이것은 우리의 운명의 비통한 일입니다. 그러나 바로
이 사실이 유태 사회의 유지와 강화가 우리의 의무라는
나의 확신을 굳게 합니다. 유태 민족의 전통에는 정의

와 이성을 향한 노력이 살아 있습니다. 이것은 현재나
미래나 각 민족의 보편성에 공헌하는 바가 있을 것입니
다. 스피노자와 칼 마르크스는 이 전통이 산출한 근대
인입니다.

이 정신을 유지하고자 하는 사람은 각자의 소속단체
를 육성하여야 합니다. O·Z·E협회는 문자 그대로 우
리 민족의 주체에 공헌하고 있습니다. 이 협회는 동부
유럽에서 혹독한 경제적 압박을 받고 있는 우리 민족의
육체적 보전을 위하여 꾸준히 노력하였습니다. 한편 O
·R·T협회는 유태 민족이 중세기 이래 신음하고 있는
심각한 사회적·경제적으로 불리한 상태를 배제하려고
노력하고 있습니다. 중세에 모든 직접생산적인 직업에
서 추방당한 까닭에, 유태인은 순전히 상업적인 직업에
만 종사하게 되었습니다. 새로운 직업의 분야를 개척함
으로써만—이를 위하여 전 세계의 유태인은 싸우고 있
습니다.—동부 여러 나라의 유태인을 구출할 수 있습니
다. 이 곤란한 문제를 해결함에 O·R·T협회는 성과
를 거두었습니다. 나는 영국의 동포 여러분께 탁월한 사
람들이 시작한 이 위대한 사업에 참가하기를 요청합니
다. 과거 수년 아니 과거 수일간의 사건은 우리에게 환
멸을 느끼게 해 주었습니다. 이것은 여러분도 절실히 느
꼈을 것입니다. 운명을 탄식하지 말고, 이를 계기로 하

여 유태 사회에 충실하기를 기약합시다. 이래야만 우리
는 모든 인류의 목적에 간접적으로나마 힘을 다할 수 있
습니다. 이것은 항상 우리의 최고의 목표이어야 합니다.

어느 사회에 있어서든지 곤란과 장애는 힘과 건전성
의 귀중한 원칙임을 생각하십시오. 우리가 장미꽃 위에
잠자는 안일한 생활을 하여 왔다면 수천 년간이나 존속
하지는 못하였을 것입니다. 나는 이를 확신합니다.

더 좋은 위안을 드리겠습니다. 우리 동포는 수효에
있어서 그다지 많지 못하나 그들 중에는 고상한 정신과
정의감을 가진 사람들이 있습니다. 그들의 필생의 사업
은 인간 사회의 정화와 굴욕적 압박에서의 개인의 해방
입니다.

우리는 기념될 오늘 저녁에 광채를 돋구어 주는 명사
가 출석하였음을 기쁘게 생각합니다. 매혹적인 인생관
의 소유자 버나드 쇼 씨와 H·G·웰즈 씨를 맞이함은
우리의 큰 영광입니다.

쇼 씨여, 귀하는 다른 사람들에게는 수난의 길이었던
길을 걸어오면서도 사랑과 인간의 즐거운 감탄을 찾았
습니다. 귀하는 도덕을 설교하였을 뿐만 아니라, 많은
사람이 신성불가침이라고 생각한 바를 비웃었습니다.
귀하는 하늘이 낸 예술가만이 할 수 있는 일을 하였습
니다. 귀하는 자신의 마술상자 속에서 사람처럼 보이면

서도 살과 뼈로 되어 있지 않고 정신·위트·매력으로
만들어진 무수한 인형들을 꺼내 놓았습니다. 그 인형은
우리들보다 어느 정도 인간에 가까워서 자연의 창조가
아니라 쇼 씨의 창조물임을 잊을 정도입니다. 귀하는
원한이 잠입하지 못하도록(이 인형을 세 여신이 지켜
내야 하는데) 이 원수를 세계에서 춤추게 하였습니다.
누구든지 한 번 이 작은 세계를 들여다본 사람은 우리
의 실생활의 세계를 전혀 다른 빛으로 보게 됩니다. 마
치 귀하의 인형이 참사람 속에 잠입하여 이 인간의 바
깥 모양을 돌변케 하는 것 같습니다. 귀하는 모든 사람
에게 거울이 되어서 누구보다도 우리를 해방하고, 인생
에 있어서 속세의 괴로움을 덜어 주었습니다. 이 까닭
에 우리는 모두 귀하에 감사하며 또 중병에 걸려서도
영혼의 구제자와 해방자를 보내 준 운명에 감사합니다.
나의 가공(架空)의 동지인 귀하가 남긴 잊지 못할 명언
에 대하여 나는 개인적으로 감사합니다. 이 쇼 씨는 강
직하고도 존경할 만한 위대한 소유자이며, 근본에 있어
서 아무런 악의도 없는 반려이기는 하나 나의 생활을
몹시 곤란하게 하였습니다.

  나는 귀하에게 우리 민족의 존재와 운명은 외적 요소
보다도, 머리를 덮는 폭풍에도 불구하고 우리가 수천년
간 지켜 온 도덕적 전통을 고수하는 데 달려 있다고 말

하겠습니다. 인생에 공헌하는 희생만이 가치가 있는 것
입니다.

# 반세미티즘과 아카데미의 청년

유태인이 지구상에 거주하고 있는 동안, 우리가 유태인이라는 사실은 물질적 곤란과 때로는 신체의 위험을 초래하기는 하였으나 사회적 문제는 없었다.

그러나 해방과 동시에 사정은 일변하였다. 특히 정신적 직업에 종사하는 사람에 있어서 그러하다. 유태인 청소년은 대학이나 기타 학교에서 그가 심심한 경의를 표하고 있는 비유태인의 영향을 받는다. 그들로부터 정신의 양식을 받고, 그들에 소속된 줄로 알고 있으나 그들은 유태인을 이(異)민족이라 하여 주시하고 배척한다. 유태인 학생은 공리적인 생각보다도 이러한 정신적 우위의 암시적 영향으로 인하여 동포와 전통을 배반하고, 아주 비유태인에 동화되려 하나 상대방은 그렇게 생각지 않는 것은 양편 다 숨길 수 없는 사실이다. 이리하여 최근에는 개종하여 추기경이 된 사람이 생겼다. 그들을 그렇게 만든 것은 그 자신의 무절조와 공명심 때문이라기보다도 수와 영향에 있어서 우세한 환경의 암시력에 의한 바가 크다. 물론 그들은 소수의 탁월한 유태인이 유럽 문화의 개화에 큰 영향을 주었음을 알고 있다. 그러나 대부분의 사람은 그와 같은 행동을 하였다. 많은 정신질환들처럼 이를 치료하는 방법은 그 본질과 이유를 명백하게 인식함에 있다. 우리는 이 민족성을 명백히 인식하고, 이 사실로부터 결론을 이끌어내야 한다. 우리의 심령적·정신적 동등성을 연역법에 의하여 그들에게 확신시키려 함은 넌센스이다. 그들의 행동의 근원은 대뇌에 있지 않은 까닭이다. 그보다도 사회적으로 해방되어서 대체로 우리의 사회적 요구를 만족시켜야 한다. 우리 자신의 학생 사회를 갖고, 비유태인에게는 친절히 하되 경원하여야 한다. 우리 자신의 생활양식을 고수하라! 우리와는 인연이 없는 음주·격투벽(癖)을 모방하여서는 안 된다. 그래야 유럽 문화의 담당자가 되며, 국가의 양민이면서 동시에 동족을 사랑하고 선조를 존경하는 충실한 유태인이 될 수 있는 것이다.

이 점을 기억하고 행동한다면 반세미티즘 문제는 그것이 사회 문제의 성질을 가진 이상 해결되고 말 것이다.

## 일하는 팔레스티나

시온주의 운동 조직 중에서 〈일하는 팔레스티나〉운동은 그 활동이 현지에서 가장 중요한 계급, 즉 손에 팽이를 들고 황무지를 옥토로 만드는 사람들에게 직접 이익을 주는 조직체이다. 이 노동자는 전 유태 민족의 자유 지원자 중에서 선발되었다. 즉 강력하고, 자각 있고, 비이기적인 인물들로 편성된 정열인 것이다. 그들은 자신의 노동에 가장 고가의 노임을 지불하는 사람에게 노동을 파는 교양 없는 근육노동자가 아니라, 교양 있고 정신적으로 민활한 자유민이다. 그들의 황무지와의 평화로운 투쟁은 전 유태 민족에게 직접 간접으로 이익을 가져온다. 이들의 곤란한 직책을 될 수 있는 대로 경감시켜 은을 가치 있는 인간생활 형식을 의미한다. 아직 위생상 좋지 못한 토지에의 최초 이주자의 고투는 험난하고, 또 위험한 개척이며, 큰 자기 희생인 까닭이다. 자기 눈으로 본 사람만이 사실을 판단할 수 있다. 이 사람들의 농구의 개선에 조력하는 사람은 이 사업의 활동을 촉진하는 사람이 될 것이다.

시온주의 운동에 있어서의 가장 중요한 정치적 과제

인 아랍인과의 건전한 관계의 수립을 실행할 수 있는
사람은 이 노동계급뿐이다. 정책은 언제나 변화하고,
인간관계는 민중의 생활에 의해 항상 결정되는 까닭이
다. 그러므로 〈일하는 팔레스티나〉의 지지는 동시에 인
간적이고 가치 있는 팔레스티나 정책을 촉진하는 것이
다. 이는 크게 보면 모든 정치가, 작게 보면 어느 정도
팔레스티나 사업의 소정치 세계가 수난당하고 있는 편
협한 국가주의적 암류와의 효과적인 투쟁을 의미한다.

# 팔레스티나 건설사업에 기(寄)함

십 년 전에 여러분에게 시온주의 운동(통일국가를
건설하기 위하여 유태인을 팔레스티나에 복귀시키려는
민족운동)의 촉진을 위하여 강연하였을 때는 모든 것이
대부분 미래에 남겨 있었다. 오늘날 우리는 이십 년을
유쾌히 회고할 수 있다.

유태민족의 통일된 역량은 이십 년간에 팔레스티나
에서 당시 감히 바라던 것보다도 훨씬 우수한 성과를
건설사업에서 거둔 까닭이다.

우리는 또한 최근 수년간의 여러 사건으로 인한 곤란
한 시험을 훌륭히 극복하였다. 고상한 목표를 향한 불
요불굴의 노고는 서서히 또 확실히 성공의 길을 걸었
다. 영국 정부의 최근 발표는 우리의 사업을 보다 더
정당히 평가하게 된 것을 의미하는 것으로서 우리는 이
에 감사한다.

그러나 우리는 이 위기에서 얻은 교훈을 잊어서는 안
된다. 유태인과 아랍인과의 만족할 만한 협력의 완성은
영국의 문제가 아니라 우리 자신의 문제이다. 즉 우리
는 유익한 공동생활을 위한, 양 민족이 만족할 만한 원

칙의 요구에 있어서 일치되어야 한다. 이 과제의 정당
하고도 양 민족에 부끄럽지 않은 해결은 우리에게 있어
서 건설사업의 촉진 못지 않게 중요하다.

스위스는 여하한 민족국가보다도 고도의 국가 발전
단계를 대표하고 있는데, 그것은 수개 민족으로 구성된
공동체의 안정된 헌법을 전제로 해서만 해결할 수 있는
많은 정치 문제에 기인한 것이다.

아직도 할 일이 많이 남아 있으나 헬츨(법률가·정치
가이며, 시온주의 운동의 대표자)의 이상(理想) 중의
하나는 실현되었다. 팔레스티나에서의 사업은 유태민족
에게 뜻하지 않은 단결심을 주고, 건전한 생활을 하기
위하여 모든 사회에 필요한 낙관적(樂觀的) 기분을 가
져오게 하는데 도움이 되었다. 이 사실은 현재 사실대로
볼 수 있는 눈을 가진 사람이면 누구나 인정할 것이다.

이 공동사업에 대한 우리의 노력은 팔레스티나에 있
는 동포에게뿐만 아니라 전 유태 민족의 건전과 명예를
위하여 공헌하는 바가 될 것이다.

# 유태인의 건전화(健全化)

=케렌 하예소드를 위한 호소=

유태인의 민족의식과 위엄의 최대의 적은 비대타락증이다. 즉 재산과 안일(安逸)로부터 생긴 무절조와 유태 세계의 이완(弛緩)에서 발생한 비유태인 세계에의 일종의 의뢰심이 그것이다. 인간성의 최선의 부분은 공동생활에서만 발현된다. 자기 동족과의 관계를 상실하고 자기 동포로부터 외국인이라 지목받고 있는 유태인의 도덕적 위기는 얼마나 클 것인가? 너무나 빈번히 비열하고 불쾌한 이기주의가 이러한 사정에서 발생된다. 특히 현재 유태 민족은 외부로부터 큰 압박을 받고있다. 그러나 바로 이 같은 곤란이 우리를 치료하여 준 것이다. 선인이 꿈에도 생각하지 못한 유태인의 의식생활 개선이 시작되었다. 신생한 유태인의 연대감정의 발로는, 극복할 수 없어 보이는 곤란에도 불구하고, 헌신적이고, 현명한 지도자에 의하여 착수된 팔레스티나 이민 사업을 착수케 하였고, 이 사업은 이미 훌륭한 성과를 얻었다. 나는 이 사업의 영속적 성과를 보고 기쁨을

금할 수 없다. 이 사업은 전 세계의 유태인에 대하여
커다란 의의를 가지고 있다.

# 시온주의의 필요성에 대해서

=국무장관·교수·헬파 박사에게 보내는 서한=

시온주의 운동과 취리히 회의에 관한 귀하의 논문을 읽고, 나는 시온주의 운동에 헌신하고 있는 한 사람으로서 비록 간단하나마 귀하에게 답변할 필요를 느낍니다.

그것은 유태인의 협동과 전통으로 결속된 단체이지 종교만으로 결합된 것은 아닙니다. 비유태인에 대한 행동이 이를 증명합니다. 15년 전에 독일에 왔을 때, 나는 처음으로 자신이 유태인임을 발견하였습니다. 이 발견은 유태인보다도 비유태인의 덕택이었습니다.

유태인의 비참상은 그들이 결합체의 지지를 못 가진 일종의 발전형태에 소속됨에서부터 시작됩니다. 그 결과는 부동적이고, 심지어 도덕적 편견에까지 이르는 것입니다. 나는 유태인의 건전화는 도처에서 받아 온 외부의 증오와 멸시를 이겨 낼 수 있는 활동적 결합체에 각 개인이 자진 참가하여 지구상의 전 유태인을 결속시킴으로써만 가능함을 알았습니다.

저급하게도 위대한 유태인을 만화화(漫畵化)한 것을

나는 보았습니다. 이 순간 가슴에 불덩이가 치밀어옴을
느꼈습니다. 나는 학교 만문(漫文)·신문 및 무수한 문
화단체가 가장 우수한 유태인의 자신(自信)까지 파괴함
을 보고 그대로 두어서는 안 되겠다고 생각하였습니다.

이리하여 전 세계의 유태인이 관심을 갖는 공동사업
만이 이 민족을 건전하게 할 수 있음을 깨달았습니다.
헬츨이 유태인의 현재의 전통적 입장 밑에서는 고향의
도시, 더 정확히 말하면 팔레스티나에 중심지를 건설하
는 일이야말로 우리의 할 일이라는 것을 인식하고 이를
위하여 전력을 경주한 것은 위대한 일이었습니다.

귀하는 이것을 민족주의라 불렀는데 그럴 듯한 말입니
다. 그러나 이러한 사회적 노력—이것 없이는 우리는 적
의로 충만된 이 세상에서 살지도 못하고 죽지도 못하겠
습니다.—은 언제나 미움받는 이름으로 불리울 것입니
다. 하여튼 민족주의에 틀림없습니다. 그것은 권력을 목
표로 하지 않은, 존엄성과 건전을 위한 민족운동입니다.
만일 우리가 편협하고 고루한 다른 민족에 끼어서 살아
야 할 운명을 면하였더라면 나는 솔선하여 인류의 보편
성을 위하여 각국의 민족주의를 배척하였을 것입니다.

우리 유태인이 〈민족〉이기를 바라는 한 정당한 국민,
예컨대 독일 국민이 될 수는 없다는 비난은 다수 민족
의 편협에서 발생한 국가의 성격에 대한 오해의 결과입

니다. 우리가 자신을 민족이라고 부르든 안 부르든, 다
른 민족의 배척을 면치 못합니다. 간결하게나마 솔직하
고 당돌한 위와 같은 말씀을 드립니다. 그러나 나는 귀
하의 글월로 보아 귀하가 형식보다 내용을 중시함을 알
고 있습니다.

# V  도덕과 인간

# 도덕과 정서

우리는 경험을 통해서 우리의 의식적인 행위는 욕망과 공포에서 시작된다는 것을 잘 알고 있다. 또한 직관은 우리에게 다른 친구들이나 혹은 고등동물도 그렇다는 것을 말해 주고 있다. 모든 사람이 즐거움을 추구하는 반면에 고통과 죽음에서 도피하려고 한결같이 애쓰고 있다. 우리의 행위는 대개 충동에 지배되고 있는데 우리의 행위에 따르는 충동은 자기 보존과 종족보존에 도움을 주고 있다. 굶주림·사랑·고통 같은 것은 자기 보존을 위한 본능을 지배하는 내적인 힘의 일부인 것이다. 이와 동시에 사회적 존재인 인간은 동정·자존심·증오·권력의지·연민 등등의 감정을 매개로 해서 이웃들과 관계를 맺으면서 활동하고 있다. 이 모든 근원적인 충동은—비록 언어로는 쉽사리 표현될 수 없지만—인간 활동의 발로임에 틀림없다. 그리하여 이 모든 힘찬 기본적인 힘이 우리의 내부에서 활동을 멈출 때 또한 인간의 활동도 멈추어지게 되는 것이다.

비록 인간의 행위가 다른 고등동물과 다른 점이 많다고 하더라도 이러한 근원적인 본능에 있어서는 서로 상당한 유사한 점이 있는 것이다. 무엇보다도 인간과 동물과의 가장 중요한 차이는 언어와 다른 기호를 매개로 하여 비교적 강한 상상능력과 사고능력을 가졌다는 점이라고 볼 수 있다. 사고란 것은 원인을 갖는 근원물인 본능(本能)과 그 결과로 나타나는 행동과의 양자가 상호 작용하는 바, 인간에 있어서의 조직의 요소인 것이다. 이리하여 상상과 지성은 근원적인 우리의 본능을 돕는 역할을 다하게 되는 것이다. 상상과 지성은 우리의 직접적인 본능의 요소를 완화시킴으로써 우리의 행위를 돕는 역할을 하는 것이다. 본능적인 사고로 하여금 행위에로 인도되도록 하며 또 사고는 정서에 의하여 고취된 행동을 자극하는 몫을 한다. 이러한 과정이 거듭 반복됨에 따라 〈이데아[觀念]〉와 신념이 생기게 되며 오래도록 강한 효과적인 힘을 지니게 되는 것이다. 한때는 효과적인 의미를 지니던 공허한 대상을 굳게 지키는 그러한 변태적인 정서의 경우를 우리는 잡신 숭배 (fetishism)라 불렀다.

그러면서도 위에서 말한 그러한 과정은 우리의 일상생활에서 중요한 몫을 차지하고 있다. 실로 이러한 과정—어떤 사람은 정서와 사고의 정신화라고 말할는지 모른다—에 있어서만 인간능력이 미치는 데까지의 거의 모든 미묘하고도 세련된 쾌락의 혜택을 받고 있는 것이

요, 모든 예술적 창조의 아름다움 속에 깃들어 있는 것
은 더 의심할 여지가 없을 것이다.

내가 보는 한, 도덕적 가르침의 첫째는 한 가지 고찰
이 있을 뿐이다. 만약에 사람들이 저마다 한낱 원시적
인 본능의 요구(要求)에 굴복한 나머지 고통을 회피하
며 스스로의 만족만을 추구하는 데 급급하다고 할 것
같으면 그 모든 결과는 반드시 불안전과 공포와 그리고
무질서 및 불행한 상태로 빠지고 말 것이다. 또 이밖에
도 한낱 이기적인 입장에서만 지성의 힘을 사용함으로
써 걷잡을 수 없는 행복의 환상 속에서 그들의 삶을 쌓
아 올린다고 하더라도 별반 더 나을 것이 없을 것이다.
이와 같은 원시적 본능과 충동에 비교하여 볼 때, 사랑
의 정서, 연민의 정, 우정의 힘은 살기 좋은 인간사회
로 이끌어 가기에는 너무나도 나약하고 너무나도 속박
을 주는 것인지도 모른다.

자유롭게 고찰하여 볼 때 이 문제의 해결은 지극히
간단하며 아울러 지금까지의 모든 성현들이 남긴 말씀
과 다를 것이 없으니, 즉 모든 사람은 반드시 그들의
행위를 한 원리에 의해 지도받아야 한다는 것이다. 그
원리란 곧 그것을 따름으로써 만인에게 최대한의 안전
과 만족을 주는 동시에 최소한도의 피해가 되도록 하는
것이다.

물론 이런 일반적인 요청은 너무나 막연한 것이기 때문에 우리는 거기서부터 각자의 행동을 지도할 수 있는 개별적인 법칙을 자신을 가지고 찾아내도록 해야 할 것이다. 그리하여 진정 이러한 개별적 법칙의 힘은 전적으로 환경마저 변혁시키고야 말 것이다. 그러한 환경에서는 과거 어느 때보다 더 행복한 상태일 수 있을 것이요, 폭력과 사기로써 사람이 사람을 죽이고 서로를 괴롭히고 서로가 착취하는 그러한 악덕이 있을 수 없을 것이다.

모든 시대를 두고 한결같이 성현들을 괴롭힌 가장 실질적인 난점은 오히려 다음과 같은 것이었다. 즉 이러한 가르침을 어떻게 우리의 정서생활에 효능을 갖도록 할 수 있는가, 또 어떻게 이런 힘을 통해서 능히 인간의 원시적인 본능의 압력에 저항할 수 있도록 가르칠 수 있는가 하는 데 있었다. 물론 과거의 성현들이 진정 자각적으로 이와 같은 문제의식을 가지고 물었다면 그 해결책이 무엇인가를 우리는 모른다. 하지만 그들이 어떻게 이 문제를 해결하려고 노력했던가를 우리는 잘 알고 있다.

인간이 그와 같은 우주적인 도덕적 태도에 직면할 수 있을 만큼 성숙해지기 이전의 오랜 옛날에는 생명의 위험에 대한 공포감을 여러 가공적인 인격적 존재자에,

즉 그것은 신체적으로 접촉할 수 없고, 또 인간이 두려
위하고 있는 힘, 다시 말해서 어떤 자연의 힘을 제거할
수 있는 그러한 능력에다가 귀속시켰었다. 또한 그들은
도처에서 그들의 상상을 지배하는 그 인격적 존재자—
그것은 그들 스스로의 심상(心象)을 통해서 만들어 낸
것이지만 어떤 초인간적인 힘에 의하여 주어진 것이라
고 믿었다. 이것은 또한 원시 신관(神觀)의 발달이기도
하다. 무엇보다도 고대인의 일상생활을 지배한 공포감
에서 발단된 그러한 존재자에 대한 신앙은 거의 상상조
차 할 수 없으리만큼 인간생활에 강한 영향을 끼쳐 왔
다. 그러니까 도덕적인 관념을 세우려는 사람들이 인간
을 평등한 위치에서 받들면서 종교를 통하여 일정한 관
계를 맺으려 했음은 별로 놀라운 일이 아님을 알 수 있
다. 그리하여 도덕적인 요청은 만인에게 공통된 것이었
다는 사실은 또한 다신교(多神敎)에서 일신교에 이르
는 인류의 종교적 문화발전과도 깊은 관련이 있다고 보
아야 할 것이다.

  이렇듯 우주적인 도덕적 관념의 본래의 심리학적 능
력은 종교와의 연쇄에서 이루어진 것이었다. 그러면서
도 어떤 의미에서는 그런 밀접한 결합은 도덕관념에 대
하여 치명적인 것이었다. 종교는 여러 종족마다 그 양
식을 달리해 왔다. 결코 그런 양식상의 차이가 근본적

인 것이 아니면서도 그들은 본질적인 공통성을 내세우기보다는 그들 자신의 주의를 더 내세우게 되었다. 이리하여 종교는 전 세계적인 도덕적 관념을 매개로 온 인류가 한데 뭉치는 대신에 반목과 다툼을 일삼는 원인이 자주 되어 온 것도 사실이었다.

드디어 여기에 자연과학이 성장하게 되었으니 주로 사상과 실제 생활에 끼친 과학의 영향은 위대하였으며, 아직 현대에 이르러서도 사람들의 종교적 감정을 약화시키고 있는 것이다. 인과율적 목적론적(因果律的 目的論的)인 과학의 사고방식은—설사 반드시 종교적 면과 모순되는 것은 아니라 할지라도—사람들의 종교적 심정을 심화시킬 수 있는 겨를을 주지 않고 있다. 또한 종교와 도덕과의 전통적인 밀접한 연쇄관계로 말미암아 적어도 지난 수백 년 동안에 도덕사상과 종교적 감정의 심각한 약화를 초래하게 되었던 것이다. 그것은 나의 견해로는 오늘날의 정치적인 야만화가 그 주요 원인이라고 본다. 주로 가공한 기술적 수단을 이용하여 정치적 야만화는 문명세계에 무서운 위협으로 대처하고 있는 것이다.

말할 것도 없이 만일 종교가 도덕원리를 실현하기 위하여 투쟁한다면 이보다 더 기꺼운 일은 없다. 그러면서도 도덕명령은 한낱 교회나 종교만이 아니라 전 인류

의 가장 복된 전통적인 소유물인 것이다. 이와 같은 관
점에서 출판물의 위치와 학교의 위치는 경쟁적 방법을
갖는 그들을 생각해 보라! 만사는 인간 사회의 도덕적
목적과 연결되는 인간 존재와 사물의 가치에 의해서가
아니고 오로지 능률과 성공에 의해서만 지배되고 있지
않는가. 뿐만 아니라 잔인한 경제적 싸움에서 결과되는
도덕의 타락도 여기에 넣어야겠다. 도덕적인 마음씨를
기르는 것은 비단 종교뿐만이 아니다. 즉 인류로 하여
금 보다 나은 삶을 위하여 즐겨 봉사할 수 있는 기회가
많다는 것을 사회 문제로써 일깨워 주도록 지도해야 할
것이다. 단순한 견지에서 보더라도 도덕적 행위는 한낱
어떤 열망하는 삶의 기쁨을 저버리라는 것을 의미하는
것이 결코 아니요, 만인의 보다 나은 행복을 위한 하나
의 사회적 관심을 의미하는 것이다.

　무엇보다도 이러한 나의 생각의 근거에는 모든 개개
인이 자기의 타고난 재질을 충분히 발전시켜 갈 수 있
는 기회가 주어져야 한다는 필요조건이 붙는다. 오직
이 길로써만 각자는 정당하게 자기의 만족을 획득할 수
있으며 오직 이 길만으로 전체 사회가 빛나는 꽃을 피
울 수 있는 것이다. 이렇게 함으로써만 그 도덕은 참으
로 위대한 것이 되며, 또 진정으로 자유를 향락하며 일
할 수 있는 각 개인에 의하여 참되고 고무적인 정신이

창조될 수 있는 것이다. 여기서 일정한 제한은 생존의 안정을 위하여 필요하다는 것이 정당화되는 것이다.

지금까지의 나의 생각의 근거에는 또 하나의 주장이 숨어 있으니, 즉 우리는 개인이나 인종 여하를 막론하고 한결같이 관대한 아량을 베풀어야 할 뿐만 아니라, 우리는 진정으로 서로가 서로를 따뜻한 손길로 맞이하며 또한 우리의 삶을 풍성하게 해 주는 그런 존재도 항상 우러러보도록 해야 한다는 것이다. 이것이야말로 진정한 관용의 골자가 되는 것이며 이와 같은 넓은 의미의 관용 없이는 참된 도덕은 있을 수 없을 것이다.

그러니까 지금까지 간략하게나마 내가 지적해 온 도덕이란 결코 한낱 고식적이고 완고한 어떤 체계(體系)를 말하는 것이 아니다. 그것은 오히려 모든 삶을 영위하는 데 있어서 일어나는 문제의 견지에서 판단할 수 있고 또 반드시 그래야만 되는 것임을 나는 의심치 않는다. 그것은 항시 완료되지 않는 임무요, 우리의 판단을 지도하며 우리의 행위를 고무시켜 주는 그 무엇이다. 그러면 그대는 이제 나와 더불어 과연 이와 같은 이념에 충만된 사람은 행복하다는 것을 상상할 수 있는가?

착함과 봉사를 베푸는 이는 그것을 받는 이보다 더 위대하지 않는가?

한낱 내 나라의 군사적 안전만을 위하고 안전과 정의

를 위하여 초국가적 조직을 창조하려는 열망에 과연 그
는 초연할 수 있을 것인가?

　과연 그는 이 세계에 많은 선량한 사람들이 참혹하게
학대를 받으며 그들의 권리마저 빼앗기고, 아니 때로는
대학살까지도 당하는 일이 있는 것을 한낱 선동적으로
아니 냉담한 표정으로 바라보고만 앉아 있을 것인가?

　이 모든 문제를 묻는 일은 곧 훌륭한 해답이 아니고
무엇인가?

# 자유에 대하여

근본적인 가치판단이 무엇인가를 논쟁한다는 것은 하나의 절망적인 기도라는 것을 나는 잘 알고 있다. 가령 누가 모든 인류를 지구상으로부터 근절시킬 것을 하나의 목표로서 시인한다고 하면 우리는 그러한 견해를 합리적인 근거에 입각해서는 반박할 수가 없다. 그러나 만약 일정한 목표가 가치에 대하여 공동적으로 동의하는 어떤 기준이 있다고 할 것 같으면 우리는 그러한 수단에 대하여 합리적으로 논쟁할 수 있다. 이제 나는 이 글을 읽는 거의 모든 사람이 충분히 동의할 수 있으리라고 믿는 두 가지 목표를 지적해 보려고 한다.

1. 인간의 생명과 건강을 유지하는 데 필요불가결한 모든 생활필수품은 무엇보다도 최소한도의 노력으로써 생산되어야 한다.

2. 신체적 요구의 만족은, 말할 것도 없이 만족한 생존을 위한 빼놓을 수 없는 필수조건이긴 하지만 그 자체만으로는 충분한 것이 못된다. 만족한 삶을 영위하기 위해서 인간은 또한 그들 각자의 개성과 능력에 따라 어디까지나 그들의 지성적이며 기술적인 소질을 발전시

켜 갈 수 있는 가능성을 지닐 수 있어야 한다.

위의 첫째 목표는 자연의 법칙과 사회적 과정의 법칙에 관계되는 모든 지식의 증진, 다시 말하면 모든 과학활동의 진흥을 필요로 한다. 여하간 과학이 발전하기 위해서는 무엇보다도 모든 과학적 성과 및 판단에 대한 제한을 받지 않는 자유로운 〈커뮤니케이션〉의 가능성을 전제로 하여야 한다. 다시 말하면 모든 분야의 지적 활동에 있어서의 표현과 가르침의 자유가 전제되어야 한다는 것이다. 자유란 내가 이해하는 바로는, 결코 위험성이라든가 손실이 따르지 않는 의견의 표현과, 그리고 일반적인 것과 특수적인 것의 지식을 주장할 수 있는 그러한 의미의 사회적 조건이라고 본다. 이와 같은 커뮤니케이션의 자유는 무엇보다도 과학 지식의 발전과 확장에 필요불가결한 실제적인 중요한 의미가 들어 있는 요소인 것이다. 첫째로 자유는 법률에 의하여 보장되어야 한다. 하나 법률 그것만으로는 표현의 자유가 안전할 수 없는 것이요, 만인이 형벌을 받지 않고 그의 의견을 표현할 수 있기 위해서는 먼저 전 인류 앞에 관용의 정신이 있어야 한다. 물론 이러한 외적 자유의 이념이 완전무결하게 달성될 수는 없는 것이겠지만, 적어도 과학사상의 나아가서는 모든 철학적 및 창조적인 사색활동의 가능한 발전을 위해서, 우리는 그러한 이념의 달성을 위하여 끊임없는 노력을 게을리 해서는 안될 것이다.

다음으로 둘째의 목표, 즉 모든 개개인의 정신적 발전의 가능성이 보장되기 위해서는 제2의 외적 자유가 필요하다. 즉 만인은 각자의 시간과 능력을 벗어나는 한도까지 생존의 필요를 위하여 노동해서는 안 된다는 것이다. 왜냐하면 이 제2의 외적 자유가 없이는 표현의 자유는 무의미한 것이 되겠기 때문이다. 만약에 합리적으로 노동분업의 문제가 해결된다면 과학기술의 발전을 통하여 제2의 자유의 가능성을 마련해 줄 수 있을 것이다.

과학 및 모든 정신적 창조활동의 발전에는 또 하나의 자유가 요청되는데 나는 그것을 내적 자유라 부르고자 한다. 이 내적 정신의 자유는 온갖 비철학적인 관례와 습관은 물론이요, 모든 기성 권위와 사회적 편견으로부터의 사상의 독립을 의미하는 것이다. 이와 같은 내적 자유는 자연이 주는 희귀한 선물이요, 값 있는 목표이다. 사회는 최대한의 내적 발전의 자유를 침해하지 않음으로써 이 자유를 보장해 줄 수 있다. 예컨대 학교에서는 권위의 세력을 빌어서 학생들에게 지나친 정신 부담을 갖게 함으로써 내적 자유의 개발을 저해하는 수도 있는 반면, 독립정신을 고무시켜 줌으로써 이와 같은 내적 자유를 확보해 줄 수도 있는 것이다. 그러므로 오로지 외적 자유와 내적 자유가 끊임없이, 자각적으로 추구되는 곳에서만 비로소 정신 발전과 그 완성에의 가능한 길이 열리게 되는 동시에 또한 그것은 인간의 외적 및 내적 삶의 발전을 기약해 주는 원동력이 되는 것이다.

# 인간 존재의 목표

실로 우리의 시대는 인간 지성의 발전과 진보를 과시하고 있다. 진리와 지식을 탐구하며 쟁취하려는 노력은 인간이 타고난 지고지선(至高至善)의 품격의 하나다. 비록 때때로 소인들이 이러한 자랑스러움을 시끄럽게 떠들어 대는 일이 없지도 않지만, 여기서 반드시 우리가 유의해야 될 점은 지성이 우리의 신이 아니라는 점이다. 물론 지성은 강력한 근육의 힘은 될 수 있으나 인격적 존재의 힘은 아니다. 지성은 리드하는 것이 아니라 오로지 봉사할 따름이다. 이와 같은 특징은 성직자나 지성인들이 잘 반영해 주고 있다. 지성인은 방법과 도구에 대해서는 예리한 눈을 가지고 있으나 목적과 가치에 대해서는 어둡다. 이러한 치명적인 맹목은 전파되어 마침내는 오늘날 전 세대가 맹목화되어 가고 있다.

우리 유태의 선조인 예언자나, 고대 중국의 성현들은 한결같이 인간 존재를 형성하는 가장 중요한 요소는 목표를 설정하고 확립하는 데 있다고 분명히 선언했던 것이요, 온갖 반사회적이며 파괴적인 본능적 유전으로부터 과감히 박차고 일어나기 위하여 끊임없는 향내적(向

(內的) 노력을 통해서 자유롭고 행복스러운 인간 사회를 건설하는 목표를 설파했던 것이다. 이러한 노력을 위하여 지성인은 가장 힘이 될 수 있는 것이다. 지적 노력의 결실은 그 노력 자체와 함께 모든 창조적 활동과 협력함으로써 인생의 만족과 인생의 의미를 가져다주는 것이다.

그럼에도 오늘날 야만적인 인간의 욕정이 우리의 세계를 아직도 지배하고 있으며 일찍이 이렇게 무제한한 횡포가 없었다. 우리 소수의 유태 민족은 무력하여 방어할 길이 없어서 몰살까지 당할 정도로 세계 어느 민족보다도 참혹한 학대를 받아 왔다. 유태민족을 증오하는 자들의 근거는, 유태민족은 화목한 〈파트너쉽〉의 이념을 드높이 지지했다는 것과 또한 유능한 유태인들이 이 이념을 말로 또는 행동으로 옮겼다는 데 있다.

# 과학의 법칙과 윤리학의 법칙

과학은 과학자와는 독립적으로 존재하는 관계 그것을 탐구하는 학문이다. 여기에는 인간 자체도 연구의 대상이 된다. 혹은 과학의 진술이 될 주제는 바로 수학에서와 같이 인간 자신도 창조한 개념일 수도 있다. 이렇게 창조된 개념들은 반드시 객관적 세계의 대상과 대응할 필요가 있는 것만은 아니다. 하여간에 과학상의 진술이나 법칙은 다음과 같은 공통적인 특징을 가지고 있다. 즉 그것은 〈참〉이든가 혹은 〈거짓〉이든가이다. 〈적당한가, 부적당한가〉일반적으로 말해서 이것에 대한 우리의 반응은 〈예스〉냐 〈노우〉냐이다.

과학적 사고방식에는 또 다른 특징이 있다. 시종여일(始終如一)한 체계를 건설하기 위하여 사용되는 과학상의 개념들은 정서적인 표현을 하지 않는다. 과학자 앞에는 오로지 〈실재(實在)〉가 있을 다름이지 욕망·평가·선·악·궁극·목표 같은 것이 연구대상으로 있는 것은 아니다. 그러니까 엄밀한 의미에서 과학의 영역에 우리가 머물고 있는 한, 예컨대 '거짓말하지 말지어다'와 같은 종류의 명제를 경험하는 일은 없을 것이다. 그런데 진리를 탐구하는 과학자에게는 다음과 같은 의미에서의 퓨리턴적인 자제하는 태도가 있다. 즉 과학자는 온갖 자기의 지적인 것 혹은 감정적인 것을 가까이하지 않는다. 부수적으로 이러한 특징은 특수한 현대인의 서구사상의 완만한 발전의 소산이기도 하다.

이렇게 볼 때 논리적 사고와 윤리학과는 혹 무관계한 것이 아닌가 하고 생각될지도 모른다. 물론 사실과 관계의 문제를 주제로 하는 과학적 진술로부터 윤리적 사상을 이끌어 낼 수는 없다. 그러나 윤리적 사상도 어디까지나 논리적 사고와 경험적 지식을 통해서 합리화시킬 수 있고 시종여일하게 할 수 있는 것이다. 가령, 어떤 근본이 되는 윤리학적 명제에 동의한다고 할 것 같으면 거기서부터 우리는 다른 윤리학적 명제를 끌어낼 수 있으며, 그 최초의 전제는 충분한 정확성을 가지고 진술되는 것이다. 이러한 윤리학적 명제는 바로 수학에 있어서의 공리(公理)의 역할을 윤리학에서 행사하고 있다고 보겠다.

그러므로 가령 '왜 우리는 거짓말을 해서는 안 되는가'와 같은 명제가 결코 무의미한 것이 아님을 얼른 알 수 있는 것이다. 다시 말하면 우리가 어떤 윤리적 내용을 토론하고 있을 때 적어도 상술한 바와 같은 어떤 윤리적 전제를 암암리에 시인하면서 출발하고 있기 때문에 앞서 말한 명제가 의미가 있는 것임을 알 수 있는 것이다. 그래서 우리는 이와 같은 기본적 전제를 구명함으로써 만족할 수 있는 것이다. 이제 거짓말의 경우를 보면 이렇게 볼 수 있다. 즉 '거짓말은 신용을 잃고 만다'라고. 신용 없이는 적어도 사회적 협력을 기대하기는 거의 불가능할 정도로 어려운 일이다. 협력이야말로 인간생활을 이루게 할 수 있는 근본이다. 이는 곧 '거짓말하지 말지어다'라는 법칙에서 다시금 '삶은 유지되리라' 그리고 '최대한도로 고통과 슬픔이 주는 교훈을 얻자'라는 법칙을 이끌어 낼 수 있는 소이(所以)가 여기에 있음을 의미하는 것이다.

그러면 이와 같은 윤리적 공리의 기원은 어디서 나왔는가? 과연 제멋대로 정한 것인가, 혹은 한낱 권위에 기초한 것인가? 그렇지 않다면 인간 경험에서 우러나온 것인지, 또는 그러한 경험에 의하여 간접적으로 규정된 것인지?

순수 논리의 모든 공리는 윤리학의 공리도 마찬가지로 임의적인 것이다. 그렇다고 어떤 심리학적인 혹은 발생학적인 의미에서의 임의적이라는 말은 결코 아니다. 그것은 어디까지나 고통과 절멸(絶滅)을 피하려는 인간의 타고난 성벽인 것이며 또한 각자가 이웃의 행동에 대한 축적된 정서적인 반응에서 이끌어 낸 것이다.

 몇몇 위대한 인물들의 견해에 의하면 윤리적 공리는
그렇듯 포괄적이면서도 굳건히 근원적인 것이기 때문에
사람들은 그들이 정서적 경험의 밑받침으로 받아들이는
것이며, 이는 곧 인간만이 지닐 수 있는 도덕적 품격이
며 특권이다. 윤리적 공리도 과학의 공리와 다름 없이
검증되어 확립된다. 진리는 경험의 검증을 감당한다.

# Ⅵ 과 학

# 상대성 원리란

수학이 전혀 경험을 돌봄이 없이 단지 개념 상호간의
관계만을 다루는 학문인 데 대하여, 물리학도 역시 수
학적 개념을 다루는 학문이긴 하지만, 그 개념은 어디
까지나 경험적인 대상과의 관계 밑에서 명확하게 규정
된 물리적 내용만을 다루는 것이다. 예를 들면 운동·
시간·공간 등의 개념이 바로 그것이다. 상대성 원리란
다름 아닌 이 세 개념에 대한 모순 없는 물리학적 해석
을 주는 이론이다. '상대성 원리'란 그 용어는, 가능한
경험 세계 내의 한 관점에서 본 운동은 항상 한 대상이
다른 대상에 대하여 상대적 운동으로 나타난다고 하는
사실과 관계가 있는 명칭인 것이다.—예컨대 지면에 대
한 자동차의 운동 혹은 태양에 대한 지구의 운동 등—
운동은 공간에 대한 운동, 즉 흔히 불리는 이른바 '절
대 운동'으로써는 도저히 관찰될 수가 없다. 상대성 원
리의 가장 넓은 의미를 단적으로 말한다면, 모든 물리
적 현상에는 이른바 절대 운동 개념이라는 기준을 잃는
그러한 성격을 가지고 있다는 것인데, 다시 한 마디로
줄인다면, 절대 운동은 없다는 것이다.

이런 부정적인 설명만으로는 얼른 이해가 가지 않을는지 모른다. 어쨌든 실재(實在) 속에 있는 자연의 법칙을 파악하는 데는 엄격한 제한이 따르고 있다. 이러한 의미에서 상대성 원리와 열역학(熱力學)과의 사이에는 유사점이 있다. 즉 후자에 있어서도 '영속적인 가변성(可變性)이 없다'라는 부정적인 견해로부터 출발하고 있는 것이다.

상대성 원리는 '특수 상대성 원리'와 '일반 상대성 원리'라는 두 단계로 발전하였는데 후자는 전자의 한정된 한계 내에서의 타당성을 가정하면서 보다 일반적으로 체계화한 이론이다.

# 1. 특수 상대성 원리

=고전역학(古典力學)에 있어서의 시간·공간에 대한 물리학적 해석=

물리학적 입장에서 볼 때 기하학이란 '서로 정지하고 있는 고정 물체는 상호관계 밑에 배치시킬 수 있다―예 컨대 삼각형은 영원히 서로 접하는 세 변으로 구성된 다.―는 법칙의 체계'라고 볼 수 있다. 이러한 해석을 통해서 유클리드 기하학의 여러 법칙은 확실한 근거를 갖는다는 것을 가정하고 있다. 이 해석에 따르면 〈공간〉이란 원칙적으로 다른 모든 물체가 관계하고 있는 관계물체(關係物體)인 바 무한한 고정물체(골격)이다. 데카르트(Descartes)의 해석기하학(解析幾何學)에서는 공간을 대표하는 관계물체를 사용하고 있는데 세 개의 서로 수직된 고정된 변의 공간점의 좌표 X,Y,Z는 직각 투영법(直角投影法)으로―자의 힘을 빌어―측정된다.

물리학은 시간·공간에서 일어나는 사건을 연구 대상으로 삼는다. 개개의 사건은 좌표 X,Y,Z라는 자리와 시간치(時間値)에 속한다. 시간치 T는 공간상의 연

장을 고려치 않고도 시계—현상적인 규칙적 운행으로서
의—로써 측정할 수 있다고 생각했다. 그 측정에 사용
되는 시계 C는 좌표계의 한 점에 정지되어 있는 것으
로 생각했는데 가령 X=Y=0=Z와 같은 좌표점에서
본 것이었다. 그래서 P점(X,Y,Z) 상에 있는 한 사건
의 시간은 그 사건과 동시적(同時的)으로 나타난 그 시
계의 시간으로 규정되는 것이었다. 여기서 말한 '동시
적'이란 개념은 각별한 정의를 요하지 않는 물리적 의
미를 갖는 것이다. 이것은 오직 일상적인 경험의 견지
에서 무한하다고 보는 빛(光)의 힘을 통해서만 때로는
무해하다고 보여지는 적극성의 결여(缺如)를 의미한다.
그래서 공간상에 있는 사건간의 동시성은 즉각적으로
결정될 수 있다고 생각해 왔던 것이다.

　그런데 특수 상대성 원리는, 다름 아닌 이러한 정확
성의 결여를 빛의 신호를 사용하여 동시성을 물리학적
으로 규정함으로써 제거하려는 이론이다. P라는 사건
의 T라는 시간은 그 사건에서 방사된 광신호(光信號)
가 도착하였을 때는 C라는 시계의 표시와 같은 것인데
그때에 그 광신호가 오고 가는 데 필요한 시간으로 정
정(訂正)되는 것이다. 이 정정에는 광속불변(光速不變)
이라는 전제를 가정하면서 출발한다.

　이 정의는 일정한 공간상의 사건간에 있어서의 동시

성의 개념을 동일한 장소에서 일어난 사건간의 동시성
으로, 다시 말하면 C에 있어서의 광신호의 도착과 C의
표시로 환원시킨다.

고전역학은 모든 물체는 다른 물체의 작용을 받지 않
는 한, 직선(直線)으로 일률적인 운동을 계속한다는 갈
릴레이의 법칙에 근거를 두고 있다. 이 법칙은 좌표상
의 임의적인 운동체에는 타당치 않다. 이것은 오직 이
른바 '타성계(惰性界)'에만 타당할 뿐이다. 타성계는 상
호간에 일직선상으로 일률적인 운동을 계속한다. 그러
므로 고전물리학의 법칙들은 오로지 타성계에만 타당한
체계이다.〔=특수 상대성 원리〕

이제 우리는 특수 상대성 원리로 이끌어 가는 난점을
이해하기가 쉽게 되었다. 경험과 이론적 근거를 통해서
빈 공간〔眞空〕에 있어서의 빛은 그것의 빛깔과 광원체
의 운동 상태와는 독립적으로 항상 같은 속도 C로 진
행된다는 확신을 얻었다.〔=광속불변의 법칙(L.Princi
ple).〕 초보적인 생각으로는 같은 광선은 모든 타성계
에 대하여 같은 속도 C로 진행될 수 없을 것이라고 볼
는지 모른다. 광속불변의 원리는 상대성 원리와 일견
모순되는 점이 보인다.

그렇지만 이와 같은 외견상의 모순은 근본적으로 절
대 시간과 혹은 사건간의 절대 동시성이라는 선입관에

사로잡혀 있는 데서 오는 모순임을 분명히 알아낼 수 있다. 우리는 앞서 한 사건의 X,Y,Z와 T가 우선 일정한 선택된 좌표계(타성계)에 대해서만 규정된다는 것을 살펴보았다. 한 타성계로부터 다른 타성계로 좌표변환(變換)이 수행되어야 할 여러 사건의 X,Y,Z,T의 변환은 특수한 물리적 가정 없이는 해결될 수 없는 문제다. 이에 대하여 다음의 공리는 이 난점을 정확하고도 충분하게 해결할 수 있는 열쇠가 된다. 즉 '광속불변의 원리는 모든 타성계에 적용된다.'—이것은 광속불변의 원리에 특수 상대성 원리를 응용한 것이다.—직선상의 X,Y,Z,T로서 이렇게 규정된 변환을 이른바 로렌츠 변환이라 한다. 로렌츠 변환은,

$$dx^2 + dy^2 + dz^2 - c^2 dt^2$$

라는 수식의 특징을 갖고 있는데 이것은 무한히 근접하는 두 사건의 $dx$, $dy$, $dz$, $dt$의 좌표차(座標差)로 구성된 것인데 이는 불변하는 것이다.

로렌츠 변환의 도움을 받아 특수 상대성 이론은 다음과 같이 설명될 수 있다. 즉 자연의 법칙은 로렌츠 변환에 대하여 불변이다. (즉 자연의 법칙은 로렌츠 변환 X,Y,Z,T의 도움을 받는 새로운 타성계를 도입하지 않는 한, 그 형식은 변하지 않는다.)

특수 상대성 원리는 시간·공간이라는 물리적 개념

과 그리고 시공간(時空間)과의 관련 밑에서의 운동하
는 척도와 시계에 대한 인식의 문제도 명백히 밝혀 주
는 것이다.

이 원리에 의해서 이른바 절대 동시성의 개념과 또한
뉴턴적인 의미의 일정한 거리에 있어서의 동시적 운동
의 개념도 제거되고 만다. 이로써 어떻게 운동의 법칙
은 비교적 광속(光速)보다 적지 않은 운동들을 취급하
는 데 있어서 수정되어야 하는가를 밝혀 주고 있는 것
이다. 이는 전자장(電磁場)에 있어서의 맥스웰 방정식
을 명료하게 해 주는 것이며, 특히 전기장과 자기장(磁
氣場)은 근본적으로 하나임을 이해시켜 주는 실마리가
된다. 특수 상대성 원리는 운동량 보존의 법칙과 에너
지 법칙을 단일법칙(單一法則)으로 통일시켰으며, 또한
질량과 에너지의 등량(等量)을 증명하였다. 형식적 관
점에서 볼 때 특수 상대성 원리의 업적을 이렇게 특징
지을 수 있겠다. 일반적으로 이 이론은 광속불변이라는
보편적인 항수(恒數) C가 자연법칙의 몫을 하고 있음
을 밝혀 주는 동시에, 한편으로는 시간이라는 형식과
또 한편으로는 공간상의 좌표라는 형식이 자연법칙과
관계를 맺는 양자간에 어떤 밀접한 연락관계가 존재한
다는 것을 증명하여 주었다.

## 2. 일반 상대성 원리

특수 상대성 원리는 자연의 법칙을 오직 타성계에만 타당하다고 보는 고전역학의 근거를 아직도 인정하고 있다. 그 좌표들에 대한 '허용할 수 있는' 변환은 로렌츠 변환뿐이다. 이러한 제한은 과연 물리적 사실에 실제로 근거한 것일까? 이는 다음과 같은 논점에서 여지없이 부인되고 만다.

동량의 원리, '모든 물체는 관성의 질량〔가속도에 대한 저항〕과 중량〔주어진 인력장(引力場)에서 그 물체의 무게, 예컨대 지구 표면 위에서의 무게〕을 지니고 있다'는 정의에 의하여 그렇듯 서로 다른 이 두 양은 경험에 의하면 하나로, 그리고 같은 수로 측정된다. 이에는 반드시 깊은 의미가 있을 것이다. 이 사실은 또한 이렇게도 기술될 수 있다. 즉 중력장(重力場)에 있어서의 서로 다른 질량들은 동일한 가속도를 받는다. 이제 마지막으로 이렇게 설명될 수 있다. 즉 중력장에 놓인 물체는 중력장이 없는 경우와 마찬가지로 작용한다. 후자의 경우는 사용된 준거계(準據系)는 일률적으로 속도(速度)를 가진 좌표계(타성계 대신에)이다.

그러므로 후자의 경우에 대한 다음과 같은 해석을 금할 아무런 근거가 없다고 생각된다. 이제 '정지'된 체계와 '실재로' 있다고 보는 '표면상의' 중력장을 고찰해 보자. 좌표계와 가속도로 말미암아 일어난 중력장은 물론 무한정하게 확장될 것이기 때문에 한정된 범위 내에서의 중력질량에 의해서는 생성의 원인이 설명될 수 없다. 그렇지만 우리가 장리론(場理論)을 탐구하는 데 이 사실로 해서 우리를 제지할 것까지는 없다. 이상의 해석을 통해서 타성계는 그 본래의 의미를 잃고 말았으며 동시에 무게와 타성질량의 상등성에 대한 설명을─동일한 물질의 속성은 기술방식 여하에 따라서 무게로 혹은 타성(惰性)으로 나타난다─얻게 되었다.

최초의 '타성' 좌표에 대하여 가속된 어떤 좌표계를 시인한다는 것은 곡선 좌표변환을 시인함을 의미한다. 여기에 해당한 항수관념의 전제로서의 상대성 원리가 있게 된 것이다.

먼저 특수 상대성 원리에서 얻은 성과들을 통해 보면 그러한 좌표의 일반화는 직접으로 측정의 결과를 가지고서는 해석될 수 없다는 것이 밝혀졌다. 오직 중력장을 말하는 양의 장(場)과 더불어 좌표차만이 사건간의 측정할 수 있는 거리를 결정해 준다. 상등한 좌표계의 변환으로서의 비직선상의 좌표변환을 시인한 연후에야

비로소 모든 연속적 좌표변환을 시인할 수 있게 된다.
—이것은 군(群)을 형성한다.—다시 말하면 임의적인
곡선상의 좌표계의 장은 규칙적인 함수에 의해서 기술
된다. (일반 상대성 원리)

이제 왜 일반 상대성 원리가—상등성 원리에 입각해
서—인력장 이론으로 끌고 갔는가를 얼른 알 수 있다.
우리는 특수 상대성 원리에 입각하여 잘 알려진 바 물
리적 구조[場]를 갖는 특종의 공간이 있음을 알고 있
다. 이 공간은 전자장이다. 물질이 없는 공허한 공간이
다. 이 공간은 '계량적' 성질로서 완전하게 결정될 수
있다. 이제 무한에 가까운 두 점(사건)의 좌표차를 dx
0, dy0, dt0, 라 정한다면,

(1) $ds^2 = dx_0{}^2 + dy_0{}^2 + dz_0{}^2 - c^2 dt_0{}^2$

은 타성계의 특수 선택과는 독립적인 잴 수 있는 양
이다. 만약에 좌표의 일반 변환을 통해서 새로운 좌표
$x_1$, $x_2$, $x_3$, $x_4$를 위의 공간에 도입한다고 할 것 같으
면 그 동일한 두 점의 양 $ds^2$는 다음과 같은 수식을 갖
게 된다.

(2) $ds^2 = Mgik \, dxi \, dxk$

여기서 $gik = gki$이다. $gik$는 '대칭장률(對稱張率)'을
형성하며 $x_1, \cdots x_4$의 연속적 함수(函數)이다. 그래서
'상대성 원리'에 의하여 특종의 인력장에—즉 제(1)식으

로 변환할 수 있는—귀속하는 것이다. 공간 측정에 대한
리만(Riemann)의 연구에 의하면 상기 gik장이 갖는
수학적 속성을 정확히 부여할 수 있다. (Riemann-Co
ndition)어쨌든 우리가 찾고자 하는 바는 '일반' 중력장
의 조건을 만족시킬 수 있는 방정식이다. 그러므로 그
방정식들이 gik형의 장률(張率)—장(tensor-field)으
로 기술될 수 있다고 가정한다는 것은 자연스러운 일이
며, 일반적으로 그것은 제(1)식으로서 전환을 허용치
않는다. 다시 말하면 리만 조건을 만족시켜 주지 않을
뿐만 아니라 바로 리만 조건과 같은 조건들을 약화시키
는 결과를 가져온다. 그리하여 그림들은 좌표의 선택—
즉 일반적으로 불변적인—과는 독립적이다. 단순한 형
식적인 생각으로써는 리만 조건과 밀접히 관련되고 있
는 조건들을 보다 약화시키고 마는 것이다. 실은 이러한
조건들이야말로 다름 아닌 순수 중력장의 방정식이다.
(물질과 전자장이 없는) 이 방정식들은 개략적인 법칙
으로서의 뉴턴 물리학의 방정식과 또한 관찰을 통해서
확신을 얻을 몇 가지 결과들의 소산이다.—예를 들면 항
성(恒星)의 중력장으로 말미암은 광선의 굴절광원체(屈
折光源體)의 빈도에 있어서의 중력 위치(重力位置)에
미치는 영향, 유성(遊星)의 완만한 타원 궤도상의 자전
—수성(水星)의 근일점 운동—한 걸음 더 나아가서 이

방정식들은 또한 은하계의 천체 운동에 대한 설명을 통해서 얻은 소산이다.

일반 상대성 원리는 비록 중력장 설명이 만족스럽게 응용될 수는 있었다고 하더라도, 총체적인 장의 설명에까지 이르지 못하였다. 우리는 아직도 공간에 있어서의 총체적인 장을 기술할 만한 수리역학(數理力學)과 그리고 총체적인 장을 포괄할 일반적인 불변의 법칙이 무엇인가를 확실히 알지 못하고 있다. 그렇지만 한 가지 사실 즉, 일반 상대성 원리는 총체적 장의 문제를 해결하는 데 없어서는 안 될, 그리고 효과적인 도구의 몫을 다하리라는 것만은 확실하다.

# 아인슈타인의 생애

# 아인슈타인의 위대성

□ 영역자의 말

H·G·가베디언은 그가 쓴 아인슈타인의 전기(傳記) 가운데서, 한 미국 과학 전문기자가 이 위대한 물리 학자에게 상대성 이론(相對性理論)의 정의(定義)를 한마디로 말해 달라고 부탁한 적이 있었다는 얘기를 들었다고 했다. 이에 아인슈타인은 그 신문기자에게 "상대성 이론을 아무리 쉽게 정의한다 해도 3일은 걸려야 한다."고 대답했다고 한다. 여기서 그 질문자가 수학과 물리학에 관한 일반적인 지식이 없는 사람이라면 그 정의는 이해할 수 없다고 아인슈타인이 부언해도 좋았을 것이다.

대부분의 사람들에게 아인슈타인의 이론은 완전히 기이(奇異)한 것이다. 그들의 아인슈타인에 대한 태도는 마치 문학자 마크 트웨인의 수학자에 대한 태도와 마찬가지이다. 다시 말하면 문학자인 마크 트웨인으로서는 전혀 이해할 수 없는 문장으로 된 책을 저술한 사람이 여기에 있다. 그러므로 아인슈타인은 한편에 있어 보통 말로써 옮길 수 없는 혁명적 발견을 했기 때문에 일반 대중의 눈에도 위대하게 보이는 것이다.

우리는 우리의 수준을 넘어서 높은 데서 작용하고 있는 사색력(思索力)을 가진 인간을 존경하는 것이 보통이다. 그러한 인간의 업적은 그의 추리(推理)를 따라 사유(思惟)할 수 있고, 그의 결론을 논박할 수 있는 몇몇 사람에 의해서만 평가될 수 있는 것이다.

그리고 그의 인격성에는 다른 측면이 있다. 그러한 측면은 연설·서한·잡문 등이 수록된 책 가운데 나타난다. 이러한 단편적인 글들은 인간 아인슈타인의 모자이크 초상을 구성하고 있다. 각 단문들은 어떤 의미에 있어서 그것 자체로써 완전한 것이다. 이들은 진보·교육·평화·전쟁·자유 기타 보편적인 문제 등, 여러 방면에 걸쳐 그의 견해를 피력하고 있다. 이런 것들이 결합되어 우리가 이해할 수 있는 아인슈타인은 우리가 신뢰할 수 있는 위대한 아인슈타인임을 말해 준다.

아인슈타인은 우주의 구조를 탐구하는 자유 이외의 다른 것을 인생으로부터 바라지 않았다. 그의 성품은 천진난만하고 성실한 것이었다. 그는 항상 재부(財富)와 명성 및 칭찬에 대해 전혀 무관심하였고, 현재도 그는 스스로 슬픔과 그 주위의 세계의 불안을 제거했기 때문에 적막하지 않다. 어려서부터 빈곤하였고 몰인정한 대우를 받았기 때문에 아인슈타인은 약자(弱者)와 피압박자(被壓迫者)를 돕는 데 힘을 아끼지 않았다. 그

의 민감하고 겸손한 성격은 교단(敎壇)에 섰을 때 학생
들이 쏘아보는 것이라든가 사람들이 열을 내어 논쟁하
는 것처럼 불쾌하게 생각되는 것은 없었다. 그러나 그
의 발언이나 영향이 불의를 바로잡는 데 도움이 된다면
언제나 주저하지 않고 나섰다. 그러나 실로 역사는 인
간의 권리를 옹호하기 위한 열렬한 투사로서 끊임없이
싸우는 내성적(內省的)인 수학의 천재의 생각과 동일
한 방향으로 가지는 않았다.

## 아인슈타인의 생애

　알버트 아인슈타인은 1879년 우름 시(市)에서 탄생
하였다. 아인슈타인이 네 살 되던 해에 전기화학공이던
그의 부친은 뮤니히 시로 이사했다. 2년 후에 이 소년
은 학교에 들어갔다. 그곳에서 아인슈타인은 군대식의
엄격한 훈련을 받았고 로마 카톨릭 교도 가운데서 이교
도 유태교의 내면적이요, 명상적인 아동으로서 고독을
경험하였다. 바로 이러한 요소들이 오래오래 새겨져 사
라지지 않는 심오(深奧)한 인상을 남겼다. 학교 담임선
생의 눈에는, 아인슈타인은 국어·역사·지리 기타 기
초 과목을 해득치 못하는 불만스러운 학생이었다. 아인
슈타인이 수학에 대해 관심을 가지게 된 것은 그의 선

생으로부터가 아니라 의학도(醫學徒) 마르크스 팔메이
로부터였다. 그는 아인슈타인에게 기하학 책을 주었고
그가 14세 때에는 수학 담임보다 나은 수학도(數學徒)
가 되게끔 열심히 공부하게 하였다. 이 시기에 그는 철
학을 연구하기 시작하였다. 칸트와 기타 형이상학자들
의 저작을 재독·삼독하였다.

사업의 실패는 청년 아인슈타인으로 하여금 미란 시
에서 새 출발을 하게 하였다. 그리하여 이것이 알버트
아인슈타인을 독일생활보다 자유롭고 유쾌한 생활의 환
희 속으로 인도하였다. 그러나 궁핍은 이 휴가기간을
짧게 만들었다. 2,3개월의 자유로운 생활을 한 후 한
개의 학위를 얻기 위한 준비가 시작되었다. 취리히 시
의 공예대학(工藝大學)의 입학 허가는 힘들여 얻었다.
뮤니히 고등학교에 있는 한 교사에 의해서 그의 수학
실력이 증명되었다. 1년간, 필수과목들을 이수하였으
나 그는 이 과목들을 수학 공부 때문에 소홀히 하였다.
그러나 우선 학점은 땄다. 젊은 아인슈타인은 과학과
철학연구에 몰두하여 놀라운 진전을 보았다. 공예대학
에서 뜻있는 5년간을 보낸 후 그는 조교수의 지위에
오르기를 희망하였다. 그러나 그의 희망을 격려해 준
동대학 교수들의 조언이 실현될 수 없음을 알았다.

직장을 찾아다니다가 드디어 두 개의 단기 중간강사

직(短期中間講師職)과 베른 시 연방특허국 시험관(聯
邦特許局試驗管)으로서의 고정 직업을 얻었다.

그 일들이 단조한 것이었기 때문에 그럭저럭 생활보
장이 되는 동시에 상대성 원리를 구성하는 수학적 탐구
를 위한 자유로운 마음의 여유를 얻어 이중의 이득이 있
었다. 1905년, 상대성 원리에 대한 그의 첫 연구논문
이 스위스 과학잡지 ≪물리학 연보(Annalemnder
Phrsik)≫에 실렸다. 취리히는 한 천재를 특허국 서기
로 썩힌다는 사실을 깨닫고 그를 대학강사로 승진시켰
으며, 4년 후인 1909년에는 그를 교수로 취임케 했다.

그의 다음 직업은 프라그 대학(1911)이었고, 그곳
에 18개월간 머물러 있었다. 그 후, 잠시 취리히 시로
돌아왔다가, 1913년 봄에 아인슈타인은 프러시아 과
학 학사원 회원이며, 카이제르 빌헬름 왕립과학진흥협
회 이론 물리학 부장 겸 베를린 대학 교수가 되었다.
제1차 세계대전 기간은 열렬한 평화주의자인 아인슈타
인에게 고통스러운 시기였다. 그러나 그는 자기의 연구
에서 위안을 받았다.

그 후에 그는 평화주의의 지도적 인물로서뿐만 아니
라 군비축소, 유태인 문제의 지도적 인물로서 세계적으
로 널리 활약하였다. 아인슈타인이 주장하는 바와 같은
이러한 견해를 가진 인물들을 나치스 독일은 용인할 수

없었다. 1933년에 아인슈타인은 그의 유명한 선언을 발표하였다. 즉, '나에게 선택의 자유가 있다면 나는 다만 정치적 자유와 관용, 법률 앞에서 만민의 평등이 지배하는 나라에 가서 살 것이다'라고……. 그는 얼마 동안 집 없는 방랑객이 되었다. 그 동안 스페인·프랑스·영국의 초빙을 받은 후, 수학, 이론 물리학 교수로서 미국 프린스턴 대학에 정주하였다. 그곳에서 연구생활에의 행복을 찾았고 자유로운 분위기를 즐겼다. 그러나 항상 전쟁과 압제의 비극을 뼈저리게 걱정하였다.

≪나의 세계관≫ 원본에는 아인슈타인의 상대성 원리에 관한 논문과 그와 같은 성질의 글들이 포함되어 있다. 위에서 말한 바와 같이 이런 논문들은 본 축소판에서는 생략했다. 이 책의 목적은 다만 일반 독자에게 오늘날의 가장 탁월한 위인 중의 한 사람인 아인슈타인의 인간성을 보여 주려는 데 있기 때문이다.

# 해 설

□ 아인슈타인의 인간과 사상

　1919년 11월 7일, 런던은 휴전 1주년 기념일 행사의 거행 준비로 분망하였다. 런던 타임즈 지의 큰 제목에는 '영예로운 전몰장정, 휴전 기념식전 국내의 열차 운행 중지'라고 씌어 있었다. 그러나 이와 같은 날인 11월 7일, 타임즈 지는 다른 톱 제목을 냈다. 즉 '과학계의 혁명, 뉴턴의 사상이 정복되다'라는 제목이었다. 이것은 일식 관측 여행의 결과, 공적으로 발표한 왕립학술원의 11월 6일 총회에 관한 기사였다.

　이렇듯 2백 년간이나 영국 뉴턴이 근대물리학(近代物理學)을 지배해 오던 것이 드디어 영국학계에서도 뉴턴의 원리가 베른의 이름 없는 청년기사(靑年技士) 아인슈타인의 조그만 논문으로 말미암아 붕괴되었다는 것을 일식 관측 결과를 보고 자인(自認)하기에 이르렀다.

　당시 영국 왕립학술원 회장인 J·J·톰슨 경은 그 개회사 가운데서 아인슈타인의 이론은 '인류 사상사상(人類思想史上) 최대의 업적의 하나이다……. 이는 작은 섬의 발견이 아니라 그야말로 새로운 과학사상에 있

어서의 전 대륙의 발견이다. 이는 뉴턴 이후 처음 보는
중력원리(重力原理)에 대한 최대의 발견이다.'라고 찬
양했다.

이리하여 자연을 직접 관찰해 본 결과 아인슈타인의
≪공간(空間)의 곡률(曲率)≫의 이론과 그리고 중력장
(重力場)에 대한 유클리드 기하학이 들어맞지 않는다
는 주장을 승인하기에 이르렀던 것이다. 즉 지금까지
물리학상의 기초적인 전제인 에테르의 존재가 부정되고
그런 가상적인 존재물은 없으며 따라서 이 우주에는 유
클리드 식의 직선(直線)이나 평행선(平行線)이 성립되
지 않는다는 것이 실증된 것이다. 아인슈타인에 의하면
우주에 가득 차 있는 공간은 한 중력장이라는 것이며,
이러한 장(場) 속에서는 광선(光線)도 태양과 같은 인
력(引力)의 장 부근을 통과할 때는 구부러진다[曲率]
는 것을 말했다. 다시 말하면 공간은 구부러져 있다는
것이다. 따라서 유클리드 식의 평행선 같은 것이 곡면
(曲面)에서는 존립할 수 없는 것이다. 이렇게 하여 뉴
턴의 절대 공간(絶對空間)이나 절대 시간 같은 전제가
거부되고, 뉴턴적인 세계상(世界像)이 무너지게 되었던
것이다.

이 점에서 아인슈타인의 이론이야말로 인류 사상사
상 획기적이요, 혁명적인 발견이라고 해도 과언이 아닌

것이다. 이렇게 하여 영국에 대해서는 서글프고 무자비한 운명의 날이 바로 그 11월 6일이 되었던 것이다. 그 총회의 음침한 분위기에 대해서 당대의 위대한 수학자요 철학자인 A·N·화이트헤드 교수는 다음과 같이 말하고 있다.

"저 유명한 일식(日蝕)의 사진이 그리니치 천문대 연구원의 측정 결과, 빛(光)이 태양의 주변을 통과할 때에는 구부러진다는 아인슈타인의 예언을 증명해 주게 된 것을 그리니치 천문대장이 발표한 런던 왕립학술원 회의에 참석할 수 있었다는 것은 나에게 있어서 커다란 행복이다. 긴장된 관심의 분위기는 마치 고대 그리스 극(劇) 그것이었다. 우리는 가장 큰 사건의 발견을 통해서 나타난 운명(運命)의 판단을 주해하는 합창대였었다.……사상의 큰 모험은 드디어 완전히 수행되었다."

"비극의 본질은 불행(不幸)이 아니다. 그것은 일의 무자비한 수행(遂行)이다.……이 무자비한 불가피성(不可避性)은 과학적 사상 속에 가득 차 있는 것이다. 물리학의 법칙은 운명의 판결이다." 이리하여 아인슈타인은 사상의 물줄기를 그전과는 영 다른 쪽으로 돌려놓은 위대한 과학자인 동시에 철학자요 위인이 된 것이다. 아인슈타인의 발견은 그 후 정치·경제·문화 각 분야에 걸쳐 깊은 영향을 끼쳤고, 특히 철학 이론이 대폭 수정을 면치 못하게 되었다.

이 세기적인 과학자 아인슈타인은 또한 하나의 〈인간〉이었으며, 더욱이 위대한 인간이었다. 이 위기와 혼돈의 세기를 살아 나간 한 인간으로서의 아인슈타인이 어떤 인생관과 세계관을 가졌는가를 살펴보는 것도 뜻있는 일일 것이다. 그래서 이 책 ≪나의 세계관≫은 아인슈타인 자신이 쓰거나 강연한 단편적인 글들을 모은 것이다. 비록 짤막한 글들이라 하더라도 주옥같이 빛나는 위대한 인생관·세계관이 찬란히 빛나고 있는 것이다.

특히 그의 우주관의 핵심을 이루는 생명(生命)에 대한 예찬과 오묘한 자연의 법칙, 우주의 신비성에 대한 통찰은 심오한 우주의 심연에로 우리를 끌어 넣는다.

그는 생명과 자연에 대한 깊은 통찰을 통해서 '자연의 합리성(合理性)에 대한 신뢰'를 가졌다. 우주의 질서(秩序)를 들여다보는 가운데서 그는 우주의 논리적 체계(論理的體系)를 아름다운 것으로 보았고, 이 미(美)에 도취하여 찬미하게 되었는데 이것이 곧 강렬한 종교적 감성의 원천이 되기까지에 이른 것이다.

'우주 구조의 합리성에 대한 깊은 신뢰! 그리고 우주에 나타나는 아무리 작은 이성(理性)의 빛이라 하더라도 이해하려는 욕구!'

이것이 과학에 기초한 〈우주종교〉에까지 높아져서

하나의 질서와 신비로운 우주, 자연에 대한 신앙으로
화하는 것이다.

심오한 과학자로서의 아인슈타인은 어떤 의미에 있
어서 종교에까지 이르는 숭고함과 깊은 정서를 가지고
생명을 존엄한 것으로 예찬하며, 아울러 인간을 우주적
인 신앙으로 사랑한 것이다. 유태인으로 태어난 그는
유달리 심한 나치스의 박해를 비롯한 정치적 악조건하
에서도 신념을 굽히지 않으며 살았고 정의와 자유를 위
해 사회에 참여(參與)하여 평화주의 운동에 나서기도
했다. 이러한 사회인으로서의 아인슈타인의 위대성 역
시 이 책에 잘 나타나 있다.

그런데 아인슈타인은 기독교의 인격신(人格神) 같은
것은 없다고 생각하는 점에서 〈회의주의자〉란 낙인이
찍혔고, 아울러 반기독교적이었던 것이다. 그리하여 오
늘날 종교계와 과학계의 대립의 주요한 원인이 인격신
의 개념 때문이라고 생각하여, 이러한 자기 기만적인
생각을 종래는 포기해야 한다고 주장했다. 그러면서도
종교계가 존재의 세계에 대하여 합리성 및 이해가 가능
하다는 것을 주장하는 점에서 옳다고 말하고,

"나는 이러한 깊은 신념을 가지지 않은 순수한 과학자
란 생각할 수 없다. 즉 종교 없는 과학은 허공이며, 과
학 없는 종교는 맹목(盲目)이다."라고 표현했던 것이다.

이러한 종교에 대한 태도를 들어 보더라도 아인슈타인이 얼마나 인생과 자연에 대해 심오한 사상을 가졌던가를 엿볼 수 있는 것이다. 아인슈타인은 개인의 창발성과 자연을 옹호하라고 주장했고, 자유와 평등이 있는 민주주의 사회를 희구했으며, 인간과 개인을 존엄한 것으로 섬기는 사상과 국가를 옹호했고, 독재와 불의에 대해서는 추호의 용서나 양보도 없이 싸움으로써 인류의 비참한 불행·전쟁·대량학살, 인간의 기계화가 없는 〈평화〉를 도로 찾기 위해 전 세계를 향해 절규했던 것이다.

오늘날 세계는 원자시대(原子時代)로 들어섰다. 원자력의 이론을 제공한 아인슈타인은 원자력의 공포와 대량학살의 책임을 통감하고 과학자들의 기술과 지식의 선용(善用)을 호소하는 한편, 평화를 위한 포석으로 〈세계 정부〉, 〈하나의 정부〉를 제창하여 구체적인 운동까지 일으켰던 것이다.

독일 소도시 우름 시의 전기 공장경영자의 아들로 태어나 파산한 아버지를 이별하고, 가난한 가운데 수학·물리학, 한때는 철학에 뜻을 두고 공부하다가 드디어 물리학을 천직으로 택하고 일생을 거기에 바쳐 연구하다가 지난 1955년 4월 18일에 미국 프린스턴 대학에서 세상을 떠났다.

그는 갔으나 그의 위대한 학문적 업적과 인격은 길이 길이 남아 영원히 우리의 가슴속에서 이어나갈 것이다.

1972년 2월

역자 약력

고려대학 대학원(서양철학 전공) 문학박사
고려대학교 교수

저    서
≪교양철학 입문≫(공저)

역    서
야스퍼스 ≪현대에 있어서의 이성과 반이성≫
에이어 ≪현대철학의 혁명≫
화암 ≪현대철학사조십강≫
몰턴 화이트 ≪20세기철학≫

## 나의 세계관    〈서문문고17〉

개정판 인쇄 / 1996년 3월 25일
개정판 발행 / 1996년 3월 31일
글쓴이 / 아인슈타인
옮긴이 / 신 일 철
펴낸이 / 최 석 로
펴낸곳 / 서 문 당
주소 / 서울시 마포구 성산1동 20—12호
전화 / 322—4916~8 팩스 / 322—9154
등록일자 / 1973. 10. 10
등록번호 / 제13-16

초판 발행 : 1972년 3월 5일  * 잘못된 책은 바꾸어 드립니다

# 서문문고 목록

001~303
◆ 번호 1의 단위는 국학
◆ 번호 홀수는 명저
◆ 번호 짝수는 문학